NOS FRONTIÈRES

MORALES ET POLITIQUES

DIEU ET PATRIE

MARCUS ALLART

PARIS
LIBRAIRIE GÉNÉRALE
Dépôt central des Éditeurs
BOULEVARD HAUSSMANN, 72, ET RUE DU HAVRE

1872

NOS FRONTIÈRES

MORALES ET POLITIQUES

« Comme l'oiseau, libre sous la feuillée,
« Que n'ai-je ici laissé mourir mes chants!
« Mais de grandeurs la France dépouillée
« *Courbait son front sous le joug des méchants.*
« Je leur lançai les traits de la satire;
« Pour mon bonheur l'amour m'inspirait mieux.
« Ciel vaste et pur, daigne encor me sourire;
« Échos des bois, répétez mes adieux. »

BÉRANGER.

« Mourir sans vider mon carquois!
« Sans percer, sans fouler, sans pétrir dans leur fange
« *Ces héros barbouilleurs de lois,*
« *Ces tyrans effrontés de la France avilie,*
« *Égorgée!* ..... O mon cher trésor,
« O ma plume!

ANDRÉ CHÉNIER.

NOS FRONTIÈRES

MORALES ET POLITIQUES

DIEU ET PATRIE

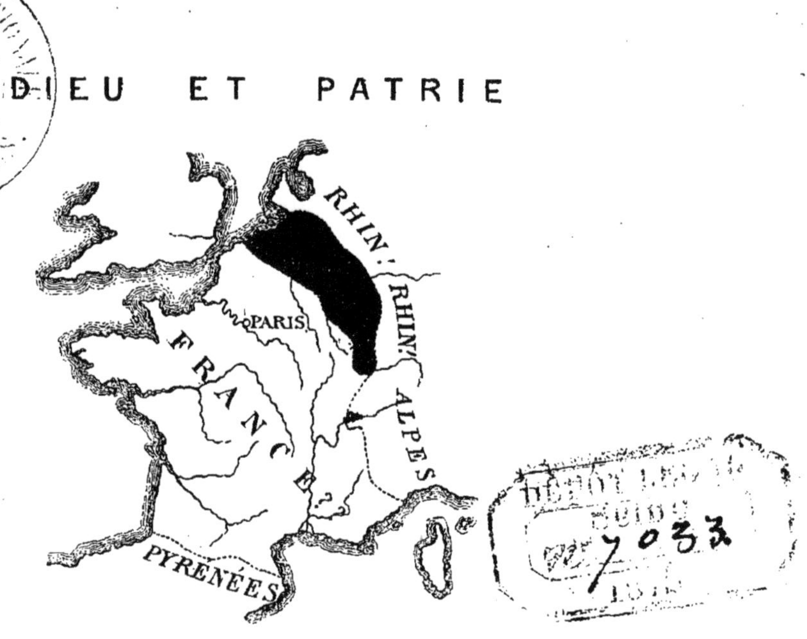

MARCUS ALLART

PARIS
LIBRAIRIE GÉNÉRALE
Dépôt central des Éditeurs
BOULEVARD HAUSSMANN, 72, ET RUE DU HAVRE

1872

A L'ÂME D'ARMAND CARREL

> « Carrel, qui se souvient de vous?
> « *Les médiocres et les poltrons que votre*
> « *mort a délivrés de votre supériorité et de*
> « *leur frayeur*, et moi, qui n'étais pas de vos
> « doctrines... Qui pense à vous? Qui se sou-
> « vient de vous? »
>
> CHATEAUBRIAND.

A vous qui rêviez une République digne de la France, une République dont on pût dire aussi : « Elle est comme le soleil, aveugle qui ne la voit pas! »

A vous dont la République n'aurait pas été la République *cléricale et bourgeoise*, que nous avons vu s'effondrer dans la boue sanglante *du matérialisme et du cosmopolitisme*, ses biens dignes enfants!

En ces jours sombres, où le sol de la patrie semble se dérober sous nos pas, on aime à reporter ses souvenirs vers ces âmes fortes, fières et chevaleresques, qu'embrasait l'amour de cette patrie; vers ces grands aïeux qui, pleins de la valeur de la race, lui tenaient un digne et fier langage! Parmi ces aïeux, Armand Carrel, vous êtes un des plus près de nous : vous, Béranger, Manuel, Lamarque, Richemont et ces quatre *généraux français*, qui voulaient voler au secours de la Pologne insurgée : *Excelmans, Hulot, Lallemand, Grouchy!!!*

Vous avez vécu, comme nous, dans des temps agités, *mais ce n'étaient pas les nôtres!* Plus heureux que nous, vous nous avez quittés, inquiets déjà peut-être, mais encore pleins d'espérance.

Nous..... nous sommes des vaincus, inquiets sur le sort du dépôt que vous nous avez confié : « L'HONNEUR ET LA GLOIRE DE LA FRANCE ! »

Navigateurs perdus et brisés dans la tourmente, nous voudrions pouvoir saluer en vous les pléïades! Rendez-nous l'amour de la patrie, l'amour de sa gloire, de sa grandeur et de sa force oubliées! Nous sommes bien malheureux, nous sommes bien humiliés! Sentirons-nous l'éperon cette fois, ou devons-nous décidément succomber et mourir sous les coups répétés du sort infidèle? Hier,..... nous perdions la Belgique, et ces bords du Rhin, dont les roseaux se nourrissent du sang de nos braves..... Aujourd'hui, nous perdons l'*Alsace et la Lorraine*..... DEMAIN, QUE PERDRONS-NOUS???

Vous, dont la religion était la probité, l'honneur et la grandeur de la patrie, protégez-nous, secourez-nous, aidez-nous, réveillez-nous!!!

Cette France héroïque et généreuse que vous aimiez... elle est encore digne de vous, malgré tous ses malheurs; elle est pleine de vos idées, de vos chants immortels. Hier, avant sa chute effroyable, avant de mourir peut-être, elle tendait sa vaillante main à une nation sœur; et les nations, avant de les égorger, « *reines par nos conquêtes, ceignaient de fleurs le front de nos sol-* « *dats!* » Son sang qui a coulé par tant de blessures, et sur tant de champs de bataille, est-il donc épuisé? Non! Non! Mais elle manque de chefs dignes d'elle, qui sachent brandir son drapeau; elle suivrait, frémissante encore, comme elle suivait Bonaparte au pont d'Arcole!

Et cependant il souffle un vent d'égoïsme : à mesure que les classes dirigeantes s'absorbent dans leurs intérêts sordides, et bafouent les premières conditions de la vraie puissance; le peuple, ou plutôt le *travailleur*, comme il aime à s'appeler aujourd'hui, penché sur son mélancolique sillon, que rien ne vient ennoblir, aider et relever, se passionne aussi âprement pour le gain. Il est le moins coupable, c'est d'en haut que lui viennent l'exemple et le conseil. Les travailleurs de votre temps disaient, dans la fièvre héroïque de 1830 : « Je suis de tel état, je gagne tant et *je suis* « *Français!* » Ceux du nôtre balbutient honteusement : « Le tra- « vailleur n'a pas de patrie ! » Et la patrie en effet s'écroule! EN SERONS-NOUS DONC TOUS PLUS HEUREUX? Ne vaudrait-il pas mieux se rassembler toujours sous les plis du drapeau tricolore?

. . . .

nous allons le faire, mais y porterons-nous donc encore nos misères, nos bassesses, nos haines et nos divisions???

Carrel, vous si noble avec vos adversaires, vous qui planiez sur vos passions violentes et héroïques, enseignez-nous l'art de faire aimer la patrie, de faire aimer *à tous* les vraies conditions de sa force et de sa grandeur. *Un Bouillé* mourait hier sous les plis *du drapeau tricolore... et nous discutons!*

Vous qui disiez déjà de votre temps, avec un accent prophétique : «Mais quoi! cette France qu'on trouve si peu diplomatique, « si peu savante en dissimulation, cette France dont les géné- « reux instincts font hausser les épaules à de prétendus hommes « d'État, sera-t-elle donc si folle, si malhabile, de mieux aimer « faire la guerre UN PEU PLUS TÔT SUR LE RHIN, qu'UN PEU PLUS TARD « AUX PORTES DE PARIS? Pour avoir la preuve que le *voisinage des* « *Prussiens est mauvais*, et qu'ils peuvent avec succès entreprendre « sur elle, devra-t-elle attendre qu'ils soient maîtres de Mons, « comme ils le sont de Luxembourg, et que *leurs coureurs arri-* « *vent jusqu'aux portes de Laon?* » Oui, Armand Carrel, la France, grâce à ces parlementaires, à ces doctrinaires bavards, que vous définissiez d'un mot : « *de l'esprit sur de la lâcheté!* » LA FRANCE A ATTENDU CELA!

Lorsqu'en mourant vous murmuriez encore : « France, amis, « République, » votre grande âme, prête à partir, ne se doutait heureusement pas de la République que vous saluiez en rêve. Qu'auriez-vous pensé, ô Carrel, de la République de 1848, et du manifeste de ce mélancolique et beau niais : *Alphonse de Lamartine?* Et de ce fameux général des bourgeois : *le général Cavaignac!* et de son armée des Alpes, qui assistait, *l'arme au bras*, A LA RENTRÉE des Autrichiens à Milan, qu'en auriez-vous pensé ??? Que vous avez dû souffrir, par delà le tombeau, de toutes ces inepties et de toutes ces lâchetés !... Elles nous ont mis sur la voie *de la France d'aujourd'hui*. UN SEUL, parmi tous les hommes qui, depuis votre départ, ont gouverné les destinées de la France, s'en est montré digne *un moment*, c'est un NAPOLÉON... Ce nom que la France était encore allé chercher dans son horrible détresse, ce nom qui la délivrait encore une fois *de la bassesse et de l'idiotisme républicains;* ce nom, un moment fidèle, sut au moins faire franchir les Alpes à une armée française! Malheureusement il s'arrêta trop vite, sous les inspirations des tristes chefs de la légitimité, du doctrinarisme, du parlementarisme (qui veut dire orléanisme); qui tous, inquiets, *éperdus* de sa gloire d'un moment, non-seulement l'arrêtèrent dans sa marche, mais encore le poussèrent plus tard à détruire son propre ouvrage à Mentana; ce qui devait le mener à finir sinistrement et sans alliés dans une guerre juste, qui devait nécessairement avorter dans la main des jeunes parlementaires, phénomènes encore de cette République d'héroïque mémoire, à qui nous devons à la fois les hécatombes de Mai et les journées de Juin! *Fastes de la patrie républicaine!*

. . . .

Le gouvernement qui nous divise le moins! nous disent cependant les Talleyrands de nos jours, ces sibylles et ces Cassandres de l'aplatissement national envers et contre tous.

Carrel, vous êtes mort jeune, pensant à la patrie et à sa gloire. Athènes vous eût déclaré favorisé des dieux! Chez nous, ceux qui ont aujourd'hui l'audace de dire qu'ils ont été de vos AMIS vous plaignent d'avoir eu ces sots préjugés : « *le patriotisme et la* « *gloire...* » Heureux Carrel, vous n'avez pas vu ces temps-ci; sachez que la République vit très-bien sans Dieu, sans honneur, sans gloire, sans patriotisme, sans patrie, et *que la politique, la science et les penseurs, ces comiques et plats bouffons de nos jours*, ont fait justice de tous ces préjugés des vieux âges.

Pourquoi faut-il qu'en mourant, vous, si plein du sentiment de la Divinité, vous qui disiez : « il y a *une loi divine supérieure à toutes* « *les lois humaines*, c'est celle qui dit à tout homme : « Fais ce « que dois, advienne que pourra! » vous qui disiez encore : « *Cette providence que jamais homme n'a niée sans être à la veille d'y* « *croire encore?* » pourquoi faut-il cependant que vous ayez repoussé loin de vous tous les ministres de ce Dieu, *dont vous étiez si plein* à vos derniers moments? Ce Dieu, Armand Carrel, vous devez savoir maintenant qu'il a ses ministres, qui sont aussi ceux de la liberté! Et puis, vous l'avez encore dit vous-même, en parlant de Guillaume III et de la révolution d'Angleterre de 1688 : « *Protestantisme, en ce temps-là, voulait dire liberté, et catholicisme* « *tyrannie.* » Avons-nous donc changé? Et vous disiez aussi : « *L'intérêt protestant, c'est l'intérêt de la liberté.* » *Avons-nous donc changé?* Et cependant vous n'avez point voulu des ministres de ce Dieu de la liberté! Et vous, plein d'une si noble ardeur pour les frontières naturelles de la patrie, vous êtes parti sans penser devoir affirmer publiquement ce que j'appellerai les frontières morales de l'homme et de la patrie : la croyance en une Divinité qui poursuit l'iniquité et qui protége la faiblesse et le malheur!!! Et cependant cette idée de la Divinité occupait votre âme noble, et vous cherchiez à vous donner des raisons, qui aujourd'hui ne sont plus, pour ne point aller au Dieu de l'Évangile et de la Réforme. Vous disiez de l'Amérique qu'elle se maintenait « *par un autre principe que le principe religieux; car, s'il était* « *vrai que l'Évangile fût le lien de cette grande communauté d'États et* « *l'âme qui la fait vivre*, nous n'y verrions pas (*disiez-vous excellem-* « *ment et en vrai, en pur chrétien réformé*), *nous n'y verrions pas l'es-* « *clavage conservé et défendu avec toute la barbarie qui a pu caracté-* « *riser le paganisme de Lacédémone et de Rome.* » Que diriez-vous donc aujourd'hui de Lincoln mort assassiné comme Henri IV, et par les mêmes scélérats, après avoir délivré son pays de cette plaie infâme : l'esclavage!.. que la Réforme a aussi banni de l'Angleterre. Il est à jamais regrettable qu'un esprit aussi élevé, aussi noble, aussi puritain, aussi austère, aussi chevaleresque que le vôtre, n'ait pas cru devoir DONNER UN EXEMPLE A LA PATRIE, abusée par d'infâmes sycophantes qui profanent sans conscience ces deux pôles de notre monde : DIEU ET LA PATRIE!!! l'EXEMPLE d'évoquer en mourant le Dieu de Wickleff, l'étoile du matin de la réforme, le Dieu de Luther, de Zwingle, de Jean Huss, de Jérôme de Prague; des réformés de France, égorgés sous Louis XIV, pour pouvoir préparer en paix le règne de Louis XV; et par suite les horribles vengeances d'une révolution à laquelle d'infâmes ministres catholiques devaient faire maudire jusqu'à l'idée pure de la Divinité, sans laquelle il n'y a pas de société humaine possible ici-bas.

Que nous destine l'avenir? Que ne pouvez-vous parler! Ici, *nous sommes au désespoir*, et ces noms *Bonaparte*, *Napoléon*, n'ont pas tellement pâli dans l'horrible tourmente, pour que nous ne les préférions encore à ceux de Courbet, de Louis-Philippe II, de Proudhon, de PRUD'HOMME et de ses avocats, et même du papiste Henri V, tant il est vrai qu'*il nous reste encore des préjugés!* Nous aimons encore à nous rappeler cette dernière proclamation du héros que vous aimiez tant, datée d'Avesnes, du héros qui, fidèle encore à la Révolution sa mère, parlait une dernière fois à la France des DROITS DE L'HOMME ET DU BONHEUR DE LA PATRIE!!! Nous avons même encore des larmes pour tous ceux qui sont morts pour elle, pendant cette guerre néfaste, depuis Saarbruck jusqu'à Verrières-Française, qui sont tombés,

« Cherchant au-dessus des orages
« Tant de Français morts à propos,
« Qui, *se dérobant aux outrages*,
« Ont au ciel porté leurs drapeaux. »

I

La France traverse des temps bien tristes: tous les ambitieux sont-ils donc aujourd'hui, chez elle, des imbéciles; ou bien les temps sont-ils tels, que les imbéciles seuls puissent aujourd'hui être des ambitieux?

Mais ne nous étonnons pas trop : ne vivons-nous pas dans les temps d'anarchie prédits et souhaités par M. Proudhon, *cet apôtre du mal*, ce thuriféraire de Marat? ce M. Proudhon, que la science et les penseurs hébétés de nos jours ont mis à la place du Dieu dont il avait daigné se faire l'adversaire personnel. Aussi tous les esprits sont troublés; chacun cherche sa voie dans la nuit, et cependant il faudra la trouver sous peine de périr comme nation! L'ordre moral (plus de Dieu!) est aussi ébranlé que l'ordre politique (plus de patrie!); le matérialisme, le cosmopolitisme, la promiscuité morale et politique, ce sont là les lumières des temps nouveaux. Nous avons pour ainsi dire franchi nos frontières morales, et, comme une juste punition peut-être, nous avons perdu nos frontières politiques.

La pensée vagabonde et malade ne sait à quoi s'arrêter; on a tout discuté et rediscuté... *tout nié!* Parler de religion aujourd'hui paraît, aux habiles du jour (!), le fait d'un imbécile. Ils oublient sans doute que Voltaire disait : « Il y a deux choses importantes « dont on ne parla jamais dans le pays des esclaves et dont tous « les citoyens doivent s'entretenir dans les pays libres : l'une « est le gouvernement, l'autre la religion. Le marchand, l'artisan « doivent se mettre en état de n'être trompés ni sur l'un ni sur « l'autre de ces objets. » Mais que leur importe Voltaire? Ne sait-on pas que la science et les penseurs ventripotents de nos jours le proclament un cagot!

Parce que de *grands esprits* sont venus et ont cherché à *réformer* la marche des choses en ce monde, nous avons vu une tourbe d'imbéciles et d'ambitieux, ne comprenant rien à rien, et n'en sachant pas davantage, ne plus vouloir, eux, *réformer, mais détruire et flétrir tout;* se flattant peut-être, vu leur stupidité profonde, que le monde allait changer d'allure et que tout allait se renouveler comme par enchantement! Ils oubliaient que l'instrument avec lequel ils allaient procéder à toutes ces rénovations insensées, l'*homme,* ne changeait pas, lui, et était là toujours immuable, enfermé dans le cercle infranchissable (heureusement!) de ses passions, de ses vices et aussi de ses vertus. L'homme peut-il donc marcher en société sur la terre sans autre règle et sans autre frein que son bon plaisir? N'y a-t-il donc point d'autorité *vraie* sur la terre? et tout ce qui est *commandement* est-il donc, selon le triste verbiage de nos jours, *exploitation?*

Qu'allez-vous donc dire à tous ces jeunes soldats que va armer demain la patrie en péril? Où seront les dieux, les autels de la patrie? Vous riez, vous avez supprimé tout cela... Bien, bien... Qu'avez-vous mis à la place? Mais, vous avez supprimé tout cela, dites-vous! Vous, supprimer quelque chose? non, détrompez-vous: il vous est aussi impossible, croyez-le bien, de supprimer que de créer. Par la négation absolue, brute et bornée de tout, vous avez ravivé lourdement *ce qui s'en allait mourant de sa belle mort*... la superstition!

En apportant la négation brute où il fallait apporter *la réforme*, vous avez tout compromis, tout retardé; vous nous avez rejeté *en plein Syllabus, en pleine immaculée conception, en pleine infaillibilité.* Mais cela arrivera à vous seuls et à nous tous, vos malheureux concitoyens, sachez-le bien encore; car vous n'arrêtez pas la marche du monde, si vous parvenez, par votre monstrueuse bêtise, à nous faire périr comme nation!

Nous voici, dites-vous, arrivés à l'idéal (vous en avez donc un?), à la République! Voyons donc où nous en sommes. Voyons ce que nous enseigne le passé, cette révolution d'hier, et voyons si au contraire cette discussion, sans cesse renaissante, des vérités les plus élémentaires, ne tient pas uniquement à ce que nous avons tout *renversé*, sans rien *remplacer*.

L'heure est venue de réfléchir sur des désastres pareils aux nôtres, et de bien nous préparer à l'avenir cette fois! L'ennemi, qui occupe notre territoire, nous en laisse le temps.

Sondons nos reins!! Nous avons eu des heures plus terribles dans nos annales, nous n'en avons pas eu de plus humiliantes! Pourquoi la France est-elle tombée si vite... et si bas? De pareilles chutes en de pareils sujets : LA FRANCE! ont des causes profondes. Tomber si vite et de si haut! En sommes-nous encore assez revenus, pour chercher attentivement, et avec toute la liberté d'esprit nécessaire, les causes diverses de ce douloureux et rapide effondrement de la patrie?

Les anciens, comme nous, plus que nous, épris de la gloire, nous disent que lorsque tous les maux furent sortis de la boîte de Pandore, il y resta l'espérance. L'*espérance* aussi est aujourd'hui notre seul bien. Espérons en des jours meilleurs, préparons-nous sérieusement et austèrement à en saluer gravement le retour. Il y va cette fois de notre existence comme nation, ne l'oublions pas *une heure!* Un faux pas, une chute encore... et la France ne sera plus! Comme la France du Nord, la Pologne indomptée, elle ne sera plus que par la protestation impuissante de quelques-uns de ses enfants, qui aimeront toujours mieux la mort que la soumission! Ayons sans cesse cette destinée devant les yeux, et sachons bien nous dire, nous dire virilement et stoïquement, que nous l'aurons bien méritée si, oubliant les maux sans nom sous lesquels succombe et meurt peut-être la patrie, nous ne savons, à l'heure présente, que nous nourrir d'intrigues et qu'encourager des convoitises sans nom, au moment où la France n'a besoin, avant tout, que de soldats.

La profession des armes était un *devoir* pour le gentilhomme, *ce n'était pas un métier*. Le gentilhomme ne quittait l'épée que lorsqu'il embrassait le commerce, sauf le commerce de mer, où il devait dompter à la fois, au besoin, la mer et l'*Anglais!* Aussi la grandeur de l'ancienne France pouvait se mesurer aux flots de sang qu'avait répandus pour elle sa noblesse. Le peuple a-t-il marchandé le sien depuis 1792 jusqu'en 1815? Le tiers état qui a triomphé de la vieille noblesse et de la vieille monarchie, qui gênaient les bourgeois; qui a triomphé aussi de l'Empire, en 1815, avec l'aide de... l'*ennemi; qui s'est incarné dans les d'Orléans*, et aussi dans la République de 1848; qui a triomphé du second Empire, comme en 1815, toujours avec l'aide de... l'*ennemi;* le tiers enfin, qui a fait sienne la république cléricale et cosmopolite de Cavaignac et de Jules Favre, et qui s'incarne aujourd'hui dans son dieu, M.... Prud'homme! Le tiers paraît vivre dans d'autres pensées sur la profession des armes, le tiers paraît préférer la profession qui rapporte le plus à la profession des armes... Avocat ou journaliste, pour être bientôt député... et prêcher la paix à tout prix à son pays, la soif du gain et le mépris de toute grandeur... sauf en paroles... car le tiers aime à parler! *Verba, verba, non res*, n'est-ce pas là, en effet, le mot d'ordre de cette république bourgeoise, qui emprunte à l'ancienne monarchie Tartufe, et à la république de 1848 et 1871 le cosmopolitisme, et Tartufe aussi, puisqu'on en a mis partout!!! Mais ce ne serait pas alors de la vieille monarchie, de la vieille noblesse, de la république, de l'empire, *que le tiers aurait triomphé*, ce serait *de l'existence même de la France!!!* Quand on a dit : « Le tiers état est tout, » voulait-on donc entendre par là que le tiers état entendait s'emparer pour lui et ses petits de toutes les places *lucratives* de l'État, et par cela même *honorables* pour lui; centraliser dans ses mains, par mille commerces de banque, de bourse ou de denrées quelconques, voire même le patriotisme menteur et hypocrite, la plus grande part possible de l'argent circulant dans l'État, et tout cela en se faisant remplacer au service, et en bafouant Dieu à table, après avoir bien dîné!! Si on l'entendait ainsi, qu'on le dise, mais alors... *si le tiers état est tout... la France n'est plus rien!!!*

M. de Bismarck disait à notre attaché militaire à Berlin, au colonel Stoffel : « La France est une nation qui n'a qu'une armée, « tandis que la Prusse est une armée qui contient une nation. « *Si la France supprimait le remplacement*, elle dicterait encore « des lois au monde. »

La noblesse, qui avait pour berceau les croisades, y avait puisé *une valeur exaltée par la religion*. Le tiers, *moins exalté*, qui ignorait son berceau, voulut voir les choses de plus près. Rousseau, Voltaire, furent ses porte-flambeaux, mais il dépassa le but, et il ne les comprit pas en voulant détruire la religion, la gloire et l'exaltation; car ce n'était pas la religion, la gloire, l'exaltation qu'il détruisait, c'était *Dieu même*, par qui *toutes ces choses arrivent et à qui toutes ces choses retournent!* A quels sentiments en appeler pour sauver la patrie? *A la loi* athée; répond le *bourgeois républicain;* A DIEU! A L'HONNEUR! disait le gentilhomme. *Toutes ces choses se touchent*. Et sur quoi la bourgeoisie républicaine athée, ou jésuite, fonde-t-elle l'honneur? Sur la loi athée, SUR DIEU! sur la conscience! disait le gentilhomme. Dieu, c'était pour lui la conscience, la probité, le patriotisme, tout ce qui constitue l'honneur. Il ne se trompait certes pas. C'est bien là la définition de Dieu : conscience, probité, honneur, patrie. Il reste seulement à savoir si c'est là le Dieu des jésuites qui, après tout, sont jeunes encore dans l'histoire, et n'ont paru que pour combattre cette réforme qui les engloutit aujourd'hui avec la Rome papale! Il est bien grave d'être dupe en ces matières; il faut les aborder avec un cœur pur de toute vanité, de toute bassesse, et surtout de tout parti pris. Mais essayons de mettre de l'ordre dans nos idées, examinons-les une à une, et décidons-nous sur les faits.

La France, située comme elle est, au centre de l'Europe, semble avoir été faite pour en maintenir l'équilibre et en supporter le poids. Toute son histoire nous la montre en proie à ces deux nécessités fatales de son histoire. Ses grands rois, ses grands hommes d'État ont toujours tendu, à travers des fortunes diverses, à asseoir sa puissance sur les Pyrénées, les Alpes et le Rhin; il semble que ce devait être là le foyer de son génie! Maîtresse du continent, sous Charlemagne comme sous Napoléon, elle fut ramenée pour ainsi dire par l'Europe à ses limites naturelles, que son génie guerrier lui avait fait franchir plusieurs fois. En 1814, l'Europe même lui offrit de reconnaître ses limites naturelles. Napoléon refusa. Mais l'Europe était-elle sincère? Et pouvait-elle l'être avec la France conquérante? C'est depuis le 18 juin 1815, le jour de la bataille des nations : *Waterloo*, que la France a perdu ses limites naturelles sur le Rhin et sur les Alpes, et c'est depuis lors que ses querelles intestines, ses divisions, semblent devoir compromettre sa nationalité. Car non-seulement elle n'a pas su rentrer depuis lors dans ses limites naturelles, mais elle vient de perdre une nouvelle partie de son territoire, qui comprend Metz et Strasbourg. Metz, une conquête de Henri II, *une première étape sur le Rhin*, que déjà alors Henri II se proposait de conquérir. Ce qui avait excité alors, à ce que dit Vieilleville, un grand mouvement patriotique : « Toute la jeunesse des villes « se dérobait de père et mère pour se faire enrôler, les boutiques « demeuraient vides d'artisans, tant était grande l'ardeur en « toutes qualités de gens de faire ce voyage et de voir la rivière « du Rhin. » Strasbourg, dont le nom seul rappelle Richelieu, Louis XIV, Mazarin, Turenne; c'est toute notre histoire, toute notre gloire détruites. Les efforts de nos pères, pour asseoir notre puissance entre le Rhin, les Alpes et les Pyrénées, détruits. La France compromise pour avoir trop écouté les doctrinaires et les parlementaires de 1815, qui en sont malheureusement arrivés à persuader l'Empire, après Sadowa, comme ils en étaient arrivés à persuader la République, en 1848. Ces gens-là nous diraient encore volontiers aujourd'hui : Aimons la Prusse... Songez donc, *une nation si jeune, si puissante!*

D'autres nous disent : *Il nous faut haïr la Prusse!* Non, ce n'est pas cela : élevons le débat, ayons simplement une politique et suivons-la, sachons *une fois* ce que nous voulons; M. le prince de Bismarck et les Prussiens ont eu sur nous l'immense avantage de l'avoir su et de l'avoir très-bien su. Il faut suivre, dans l'ouvrage de M. le comte Benedetti : *Ma mission en Prusse* (l'ouvrage le plus intéressant qui ait paru sur les origines de cette juste, autant que funeste guerre!), les progrès de la fortune de M. le prince de Bismarck, *progrès qui se confondaient avec ceux de la grandeur de son pays.* M. le prince de Bismarck lui dit un jour (car M. de Bismarck dit toujours tout, et M. Thiers a bien voulu nous dire que lui, élève de Talleyrand, qui pense encore que la langue n'a été donnée à l'homme que pour déguiser sa pensée, n'en était pas encore revenu) : « Je suis par- « venu à déterminer un roi de Prusse à rompre les relations « intimes de sa maison avec la maison impériale d'Autriche, à « *conclure un traité d'alliance avec l'Italie révolutionnaire*, à accepter « éventuellement des arrangements avec la France impériale, à « proposer à Francfort le remaniement du pacte fédéral avec le « concours d'une assemblée populaire. *Je suis fier d'un pareil ré- « sultat :* j'ignore s'il me sera permis d'*en recueillir les fruits;* « mais, si le roi m'abandonne, j'aurai préparé le terrain en creu- « sant un abîme entre l'Autriche et la Prusse, et le PARTI LIBÉRAL, « *montant au pouvoir, achèvera la tâche que je m'étais imposée.* » Jamais, je crois, langage plus noble n'a été tenu par un homme d'État. Qu'on compare un peu cela à nos bouffons d'État de France? M. de Bismarck, au reste, parlait à un peuple capable de l'entendre; voici ce que dit M. Benedetti des dispositions de la Prusse : « Le sentiment public, les masses elles-mêmes sont li- « bérales, *parlementaires (quel courage!);* mais elles ne sont pas « moins monarchiques, et *surtout pénétrées de cette ambition* qui

« a placé le royaume au rang *de grande puissance avant même d'en* « *posséder les ressources et l'étendue.* Il y a DU FRÉDÉRIC LE GRAND « DANS CHAQUE PRUSSIEN, *quelle que soit la manière dont il envisage* « *ces questions de liberté*, et du moment où l'on aurait eu la bonne « fortune de reculer les frontières de l'État sur un point quel- « conque, on serait en droit, quoi qu'on eût fait, de monter au « Capitole. Voilà la situation de Bismarck, et, au point où en « sont les choses, il est voué à laisser le souvenir et l'*empreinte* « *d'un grand ministre*, ou à terminer misérablement une carrière « *de monomane obstiné*, SUIVANT LA MANIÈRE DONT SE RÉSOUDRONT « LES QUESTIONS QU'IL A POSÉES. » Cette dépêche est datée du 9 mars 1866. M. le prince de Bismarck a fait depuis bien du chemin dans l'histoire!

M. de Bismarck, dit aussi M. Benedetti, voulait renfermer dans la sphère d'action de la Prusse toute la partie de l'Allemagne qui s'étend de la Bohême et des bouches du Mein à la Baltique. Il avait donc fait sienne la pensée de ce poëte prussien, qui disait au roi que l'aigle prussien volerait *du roc jusqu'à la mer, par-dessus son empire.* « Si le roi m'écoute, nous combattrons, disait-il aussi « un jour à M. Benedetti (à la veille de la guerre avec l'Autri- « che). L'*armée est superbe;* à *aucune époque* elle *n'a été plus nom-* « *breuse*, plus *solidement organisée ni mieux armée;* j'ai la con- « fiance qu'elle triompherait de nos ennemis, ou qu'elle rempor- « terait, du moins, des succès suffisants pour nous permettre « d'obtenir une paix honorable. » — « Suivant le roi, au dire, au « moins, de M. de Bismarck, les compensations qu'il pourrait y « avoir lieu d'offrir à la France devraient être prises partout où « on parle français sur sa frontière. Le président du conseil au- « rait lui-même fait remarquer à son souverain que, pour dis- « poser de ces territoires, il faudrait d'abord les conquérir. » Il a échappé, cependant, au président du conseil de dire : « Si la « France revendiquait Cologne, Bonn et même Mayence, *il préfé-* « *rerait disparaître de la scène politique plutôt que d'y consentir.*

« M. de Bismarck faisait de fréquentes allusions à la *réunion de la* « *Belgique à la France*, et même *du canton de Genève*, cette enclave « française, » suivant l'expression du ministre prussien. Les événements marchaient toujours ; après le Danemark vaincu, c'était l'Autriche. La politique française, toujours glacée, restait immobile et froide ; elle semblait avoir été comme paralysée par les cris de peur que poussaient à l'envi les légitimistes, les parlementaires, les doctrinaires et les vieux restes de cette brillante république de 1848 !!! Quant à M. Benedetti, je ne sais si jamais ambassadeur a mieux renseigné son gouvernement. Il avertit qu'un accord existe entre la Russie et la Prusse. « J'en ai, ajoute-t-il, trouvé « la démonstration permanente, si je puis m'exprimer ainsi, dans « la résolution bien arrêtée, et qui n'a jamais varié, du cabinet « de Berlin, de préparer l'union allemande en attendant de pou- « voir y substituer l'unité à son profit exclusif, *sans s'en laisser* « *détourner un instant par l'éventualité d'un conflit avec la France*. » Plus loin il dit : « M. de Bismarck restait fidèle à la politique « qu'il s'était tracée, et dont aucune considération ne l'a fait « dévier depuis qu'il l'a inaugurée : *il lui faut une Italie troublée*, « en *désaccord permanent avec la France*, pour conjurer une « ALLIANCE ÉVENTUELLE entre ces deux puissances, POUR NOUS « CONTRAINDRE à entretenir des forces plus ou moins considéra- « bles dans les États du Saint-Siége, pour se ménager, au besoin, « le moyen de susciter, *à l'aide du parti révolutionnaire*, *une rup-* « *ture violente entre le gouvernement de Victor-Emmanuel*, *pour neu-* « *traliser*, en un mot, NOTRE LIBERTÉ SUR LE RHIN. »

Le vainqueur de Magenta et de Solférino, et l'on peut ajouter de Castelfidardo, se brouiller avec Victor-Emmanuel sur les instances de MM. Thiers et Berryer, et lui refuser Rome, comme pour le forcer à se jeter dans les bras de la Prusse ! On demeure confondu. Pourquoi donc l'empereur s'était-il donné l'impopularité de mettre M. Thiers à Mazas ? Que n'y laissait-il au moins sa politique. Pauvre France !!! heureuse Prusse !!!

On souffre en lisant ces choses. Aux excellents renseignements de M. le comte Benedetti venaient se joindre ceux fournis par le baron Stoffel. Mais M. Émile Ollivier, ce doux espoir de la doctrine et du parlementarisme, ne voulait et ne pouvait, rendons-lui cette justice, rien voir de plus que son patron *le petit*, vraiment je ne puis dire : *le grand M. Thiers.* (« Ils nous ont fait une « France à leur taille ! »). Et puis, les classes dirigeantes étaient comme glacées. M. Benedetti lui-même, qui voit si bien tout ce qui se passe, n'ajoute-t-il pas, comme pour sa justification : « Je « n'ajouterai ici qu'une seule observation, c'est que je n'ai re- « gardé la guerre que comme une nécessité qui pourrait nous « être impérieusement imposée par la politique du cabinet de « Berlin, SANS LA CONSEILLER JAMAIS, et que j'ai montré LES AVAN- « TAGES DU MAINTIEN DE LA PAIX dans le cas même d'un nouvel « agrandissement de la Prusse ou DE LA CONSTITUTION DE L'UNITÉ « ALLEMANDE, *sans même suggérer que dans cette seconde hypothèse la « France devait, de son côté, user de sa puissance pour reculer ses « frontières.* » Hélas ! monsieur le comte, vous disiez : « Il y a du *Frédéric le Grand* dans chaque Prussien ! » Qu'y avait-il donc, grand Dieu ! dans chaque Français ? Il n'y avait point *du Napoléon le Grand*, à coup sûr..., et cependant cela se passait *sous un Napoléon !!!* Mais il y avait trop de Guizot, trop de Thiers, trop de Lamartine, trop de Cavaignac, trop de Trochu, trop de Jules Favre... *Voilà nos grands hommes à nous !!!*

Est-ce donc avec ce bagage, et dans cet état piteux, que nous allons passer l'Atlantique ? Pauvre France !!! Heureuse Prusse !!! L'opposition même faisait rage. *Pour la première fois l'opposition était d'accord avec le gouvernement ! Elle ne voulait point de nos frontières... elle ne voulait point de la guerre !* M. Garnier-Pagès s'écriait même un jour à la Chambre qu'il aurait été heureux... *pour la liberté*, que nous eussions *été battus à Solférino comme à Waterloo !* Le *Temps* s'écriait que penser à nos frontières *ce serait un suicide !* Le *Rappel*, le bouillant *Rappel*, déclarait *ne point s'en soucier !* La prétendue *Opinion Nationale*, après avoir jeté feu et flamme, se calmait tout à coup et déclarait que tout cela *manquait de sérieux!* Et c'était BIEN SÉRIEUX... pour des saint-simoniens. Le *Réveil*, le *Réveil* même, le *Réveil* de M. Delescluze, l'homme de *Risquons tout*, se défendait de rien risquer pour cela pendant le siége de Paris ! Et, voyez cela cependant, M. Edgar Quinet daigne nous dire *aujourd'hui* que, voyageant en Allemagne en 1841 (AVANT 1848!), « il demandait à des politiques allemands quels étaient leurs « projets : Revenir, me disaient-ils, *au traité de Verdun*, d'après « lequel la race allemande étendait son empire jusqu'à la « Saône. » Et M. Edgar Quinet veut bien ajouter : « Ce projet « semblait alors insensé; il s'est réalisé aux trois quarts. » Mais que ne faisait-il donc part de *ces projets allemands* à tous ses amis pacifiques quand même, les républicains de 1848 et de 1870! Tous ces *braves gens* qui ne se sont échauffés que quand la partie était perdue, et qu'il ne restait plus que six canons attelés (*voir M. de Freycinet!*). *Perdue pour toujours*, veut bien nous dire encore M. Edgar Quinet, et en y ajoutant même *la Champagne et la Franche-Comté*, si la France ôte la barrière MORALE qui la défend encore : LA RÉPUBLIQUE.

. . . .

La République! la République morale! Vous entendez cela... Et M. Quinet nous dit cependant ailleurs que la République veut faire de la *Réforme sans Réformés* (sans doute comme elle fait du patriotisme... sans patrie!), et qu'elle s'annonce CLÉRICALE ET BOURGEOISE! J'ai bien peur que M. Quinet ne se fasse une république en chambre, *une république de tête!* Mais non, que dis-je... Ne voilà-t-il pas M. Michelet qui hier nous assure, après nous avoir parlé jadis, lui, *de nos frontières du Rhin...* que la France n'est pas *démembrable*. Ah! le bon billet!!! Et qu'on rirait, si l'on pouvait rire de ces choses. Non, *on s'en indigne*, et on se demande si, parmi tous ces revenants du passé, les pires revenants ne sont pas encore ceux de 1848, le retour de ces gens *qui pou-*

vaient tout alors et qui N'ONT RIEN FAIT QUE PARLER! L'Empire, au moins, nous avait rendu la frontière des Alpes... C'EST UN FAIT...... et un fait *moral*, puisqu'en même temps on délivrait l'Italie... *Mais Décembre?* Oui... et *Juin?*... et *Mai?* Si j'étais républicain, *je me voilerais la face!!!* Et loin de m'applaudir de me voir encore en république, je pleurerais amèrement en pensant à la grosse part (sinon la plus grosse!) de responsabilité qui incombe à mon parti dans les malheurs, peut-être *irréparables* (divisés honteusement comme nous le sommes), sous lesquels succombe et meurt la patrie!

Mais les *Débats*, toujours graves, toujours empesés, toujours lourdauds, comme il sied à des bourgeois cossus, allaient plus loin encore que les républicains, et ils s'écriaient *triomphants* : « L'Au-« triche a eu la folie de l'Italie comme nous avons eu trop long-« temps celle du Rhin! » Que les *Débats* doivent être heureux aujourd'hui... *Nous croit-il bien tranquilles désormais du côté du Rhin???* O profonde sagesse des bons gros bourgeois et des bons gros banquiers cosmopolites*!* Et le *Siècle*, que disait le *Siècle?* Il devait dire de bien belles choses... lui qui en 1848, après avoir poussé la République à la guerre contre l'Autriche... se contentait ensuite de *déplorer* l'entrée, ou plutôt la RENTRÉE *de Radetzki* et des Autrichiens à Milan! et assistait *impassible*, sans tambours ni trompette, à *la rentrée* aussi... *mais en France*, de l'armée des Alpes du grand Cavaignac!... Mais j'ignore, j'*aime à en convenir*, les belles choses que le *Siècle* devait dire en 1870, et puis tout le monde n'a pas la tête assez forte pour lire sans s'endormir... *le journal des penseurs!!!*

Pauvre France!!! Heureuse Prusse!!! Et cependant aujourd'hui tout ce monde-là admire le prince de Bismarck. M. Thiers, le profond, le mystérieux M. Thiers, celui qui ne comprend pas encore qu'on puisse livrer les profonds secrets de la pôôôôlitique! ouvre encore ici la marche. Il veut bien expliquer aux faibles mortels qu'*il y avait à Berlin un grand gouvernement;* il daigne nous expliquer que ce gouvernement se composait d'un *grand* « *politique*, d'un de ces hommes de guerre qu'on appelle organi- « sateurs de la victoire, de généraux d'armée très-énergiques, « d'un habile ministre de la guerre : au-dessus de tous, d'un roi « ferme, sage, habile, ne s'offusquant pas de la gloire des hommes « placés autour de lui (il paraîtrait qu'ici nous nous offusquons « de la gloire des gens placés autour de nous... Hélas! nous de- « vons bien donner à rire à nos ennemis, nous... le pays le plus « spirituel de la terre. Ah! M. Thiers! M. Thiers! que la postérité « vous soit légère!); mais prenant leur gloire pour la sienne, leur « servant de lien, de plusieurs hommes n'en faisant qu'un, et par- « venu, pour ainsi dire, à rendre à la Prusse le grand Frédéric. » Mais qui donc empêchait M. Thiers, auquel l'Empire voulait bien envoyer le maréchal Lebœuf, de saisir la balle au bond et de se mettre d'accord avec lui, et de nous rendre aussi à nous, POUR AINSI DIRE, le grand Napoléon... ou mieux encore ces frontières sacrées que son ambition insatiable a fait perdre à la France. Mais non, M. Thiers était *pour la paix*, et, malheureusement pour la France, il avait, lui et ses créatures, une trop grande influence sur l'opinion. Le voltairien M. Thiers n'a su bien manœuvrer qu'avec M. Berryer, pour nous enlever, au bénéfice du pape infaillible, du *Syllabus* et de l'immaculée conception, le seul et véritable allié que l'Empereur ait su donner à la France... l'Italie! Mais, quoi que MM. Thiers, Berryer et Rouher aient fait, cette gloire lui restera : c'est l'heure la plus pure, la plus heureuse et la plus grande de sa puissance. Il pouvait bien dire alors que, partout où l'on voit passer le drapeau de la France, on sait qu'une grande idée le précède, et qu'un grand peuple le suit! Et ici, des plis de ce drapeau tricolore français s'envolait le drapeau tricolore italien, son frère, quoi qu'en puissent dire les doctrinaires, les parlementaires et les républicains de l'*Union libérale* de MM. de Falloux, Paradol, Larcy et consorts. On a reproché souvent, je pourrais dire toujours, à Napoléon III de vouloir être trop *lui-même*. Je crois au contraire, hélas! *qu'il ne l'était pas assez.* Il croyait trop la tourbe doctrinaire, parlementaire et républicaine de 1848; il se laissait trop aller à ces gens-là : *Il a fait la chose la plus grande du XIXe siècle, et n'a pas su s'y tenir!* Si, allié de l'Italie, qui lui avait remis la frontière des Alpes, il avait su marcher avec elle, en lui remettant Rome, à la rencontre de l'Allemagne, il aurait aujourd'hui la Belgique et les frontières du Rhin. Il serait aujourd'hui plus grand que *Napoléon.* Il aurait mieux que lui préparé les temps nouveaux, et la France et sa race puissantes auraient pu les attendre en paix, flanqués d'une Italie, d'une Allemagne puissantes aussi, mais non ennemies, car on ne leur aurait demandé que la justice : *le droit de vivre en paix et entière* pour la France rédemptrice des nations! Et puis lorsqu'on est *la France,* la France de 1814 et de 1815, et qu'on a un Bonaparte à sa tête, on est difficilement cru en Europe lorsqu'on dit qu'on veut *la paix;* et on l'est d'autant moins qu'on parle *quelquefois comme à Auxerre*, où l'on semblait vouloir faire justice des idées pacifiques quand même de M. Thiers, qui en est toujours resté, avec son ami M. Guizot, à Louis-Philippe Ier... et qui, au fond, voudrait bien nous donner un Louis-Philippe II... ce dont Dieu nous garde, s'il est vrai que Dieu protége la France!!!

L'Europe se souvient à mesure que nous oublions! La Prusse n'a pas fait autre chose. Battue et rebattue de toutes les façons par la France, humiliée par elle dans sa gloire militaire en la personne du grand Frédéric, dont Napoléon emportait l'épée, elle ne nous l'a pas pardonné... même après 1815... même après 1870. Sachez-le bien! et que cela nous mette un peu de cœur au ventre. Ils se sont préparés en silence, sachant qu'un jour, et le voulant, ils se mesureraient avec nous. Pourquoi, de notre côté, ne nous sommes-nous point préparés *tous* à soutenir en cet assaut notre vieille renommée, notre vieille gloire? Car, il faut en convenir, si doctrinaire, si parlementaire, si républicain cosmopolite qu'on soit, la *France*, oui, *la France*, et cela sans chauvinisme, mot que je laisse à la langue verte, la France a une vieille renommée et une vieille gloire à défendre. IL FALLAIT ÊTRE PRÊTS, pousser surtout notre gouvernement à l'être, ne pas supputer honteusement tous les jours combien rapporteraient d'argent *toutes les journées que perdaient sous les drapeaux* les soldats de cette malheureuse France... qui, loin de là, bien loin de là, n'en *a pas eu assez au jour du danger!*

Aujourd'hui toute la nation va s'armer (le moins possible encore, grâce toujours à M. Thiers et consorts!), voilà assurément qui n'est pas mal, *comme première mesure;* mais après... Il faudra un plan (pas celui de M. Trochu, de M. Jules Favre, pas celui de M. Guizot, pas celui de M. Thiers, pas celui du grand Lamartine, pas celui du grand Cavaignac!); une politique suivie, et non pas la haine brute, qui est un sentiment bas après tout... Il faudra savoir ce qu'on veut, et pourquoi l'on s'arme; il faudra que M. Thiers et consorts nous trouvent indiscrets... Sera-ce pour rétablir le pouvoir temporel du pape infaillible? Le grand Cavaignac jadis nous a mis dans cette voie, allons-nous y rentrer? M. Thiers est incertain, il est perplexe; il dit : le *clergé est si puissant* en France! Sans aimer le pétrole, ne peut-on donc point ne pas ressentir un vif amour pour l'infaillibilité, le *Syllabus* et l'immaculée conception? Hé bien, qu'allez-vous faire de nos soldats? Allez-vous les embraser de l'amour de la gloire, les enflammer du plus ardent patriotisme, leur parler *enfin* des frontières de la France, les préparer *enfin* à l'idée d'une revanche digne de la France, leur chanter à la chambrée le vers du barde sacré : « Le Rhin lui seul peut retremper nos armes! » à eux qui ont eu la tête rompue du « *die Wacht am Rhein prussien* ». Ou allez-vous, comme par le passé, regretter tout haut (je sais que vous le regretterez toujours tout bas) de ne pas les voir entassés dans de puantes manufactures, pour s'y étioler et y mourir aussi; car on meurt partout, ô philosophes de la paix à tout prix! et y gagner le moins d'argent possible; car, *mais vous le savez*, ô économistes consommés et profonds, la main-d'œuvre doit toujours se payer *le moins cher possible!*

Il faudra peser tout cela mûrement; la science et les penseurs nous y aideront sans doute... Et puis n'allons-nous pas apprendre l'allemand... Voilà qui est bien, *voilà de fortes mesures...* mais un peu d'artillerie nouveau système (si enfin on s'y décide, et si M. Thiers a aussi son plan là-dessus) ne ferait pas mal non plus. L'*artillerie,* voilà une langue que M. le prince de Bismarck parle aussi bien qu'il l'entend... cette langue autrefois nous était aussi familière.

Nous sommes devenus pleurnichards et humanitaires. Il faudra nous défaire de cela, c'en serait fait de la France à jamais, si elle reparaissait dans *cette honteuse attitude devant l'ennemi!*

Ce qui frappe, dès l'abord, lorsqu'on veut examiner les derniers événements, c'est que la France en est sortie presque aussi puissante qu'elle y était entrée. L'armée, qui avait à peine combattu, si on compare ces luttes à celles supportées naguère par les armées françaises, est revenue, pour ainsi dire, entière de la captivité. Et du comble de nos misères, au moment même où nous nous égorgions sous les yeux de l'ennemi; au moment où un canon fratricide semblait, après tant de désastres inouïs, célébrer le dernier jour de ce qui avait été la France, n'avons-nous pas vu surgir de l'excès même de nos malheurs ce qui semblait nous manquer le plus : UNE NOUVELLE ARMÉE!!! Ne seraient-ce pas là des cadres, avec ceux de l'ancienne armée, si la France était obligée de marcher avant le temps, capables d'encadrer une bonne part des 800,000 *mobiles, aujourd'hui formés,* qui ont *pris part à la guerre.* Il y aurait là quelque chose comme la fusion faite par Carnot de l'ancienne armée avec les volontaires, sa création des régiments à trois bataillons. La plaie, la vraie plaie, *c'est le matériel!* On s'occupe des canons. Mais qui a entendu parler du système de M. Thiers à ce sujet? Bah! Il va sans doute en être question dans cette *seconde chambre, asile des vieux sujets,* qu'on nous prépare!!! ON VA DISCUTER CELA!!! Et cependant les *finances*, ce nerf de la guerre, sont plus que refaites, après avoir pu non-seulement pourvoir à la liquidation des dettes engendrées par la lutte, mais après avoir aussi soldé une forte partie de la rançon imposée par l'ennemi. Aussi tout indique que la France se remet tous les jours de la SURPRISE, le mot restera dans l'histoire, dont elle vient d'être la victime.

II

Oui, la France est encore bien puissante; *mais elle est seule*, grâce à MM. Berryer, Thiers et Jules Favre, 1815, 1830, 1848! Environnée toujours d'ennemis envieux de sa gloire passée, et, malheur plus grand, elle est divisée en présence de l'ennemi qui occupe encore une partie de son territoire.

Trois partis, divisés eux-mêmes, mais bien tranchés d'ailleurs, oublieux déjà de ses récentes blessures, s'agitent sans pitié sur ses flancs déchirés : la monarchie, la république, l'empire. On le voit, le mal dont souffre la France est plutôt un mal moral qu'un mal physique. La constitution est robuste encore, mais ses divisions paralysent sa puissance, et elles pourront bien la mener au tombeau si elle ne sait y mettre ordre.

Je voudrais bien pouvoir examiner ici, avec une vérité haute, patriotique et impartiale, ces trois partis, les juger de haut, du haut de la grandeur de mon pays qui est la France, France qui m'est d'autant plus chère qu'elle est plus malheureuse! Je voudrais, dis-je, passant en revue ces trois partis, ne les juger qu'au point de vue du bien ou du mal qu'ils ont pu faire à ma patrie dans le passé; et n'arriver ainsi à me prononcer pour l'un d'eux, l'abstention étant aujourd'hui une lâcheté, qu'autant que je trouverais en lui, dans le passé et pour l'avenir, des garanties d'une sûre, juste et éclatante revanche.

Disons-le de suite, comme premier hommage à cette vérité haute et impartiale que nous voulons ici pour guide : les provinces, les villes que la France vient de perdre, elle les devait à ces grands rois, à ces grands ministres, à ces grands capitaines qui les lui avaient laissées en héritage, et qui, si aujourd'hui ils pouvaient se lever de leurs glorieux tombeaux, pourraient nous en demander un compte sévère. D'où vient donc, cependant, qu'aujourd'hui encore la France se détourne de tout cet éclatant et héroïque passé? C'est que ces rois, aveuglés par une gloire, peut-être sans seconde, en étaient venus à ne plus la compter, à ne plus même compter la noblesse dont le sang, mêlé à celui de la nation tout entière, avait coulé comme l'eau sur tous les champs de bataille, pour sa force et pour sa grandeur! D'où vient donc qu'une noblesse si fière, qu'une race si fière, mélange de Gaulois et de Francs, étaient cependant tombées si bas, qu'elles étaient tombées aux genoux du roi, le jour où le comte de Mirabeau vint leur dire, aux derniers états-généraux du royaume : *« Nous sommes à genoux, levons-nous?»* Et d'où vient que la nation seule répondit franchement à ce fier et digne appel d'un vrai gentilhomme, et qu'à partir de ce jour mémorable il y eut deux camps bien tranchés dans l'État, malgré les concessions apparentes du moment : le roi entouré de sa noblesse d'un côté, et de l'autre la nation abandonnée sans guides à sa sombre fierté. C'est que *le roi de France*, depuis Clovis, depuis Pepin, depuis Charlemagne, depuis saint Louis, depuis Henri IV, depuis Louis XIV, était devenu, grâce à l'Église de Rome, qui lui devait tout, et dont il avait toujours été le docile instrument dans le monde, plus que le roi de France; il était PASSÉ DIEU !!! PASSÉ DIEU!!!

Bossuet disait · « Dieu établit les rois comme ses ministres, et

« règne par eux sur ses peuples; c'est pour cela que le trône « royal n'est pas le trône d'un homme, mais *le trône de Dieu « même.*

« On doit obéir au prince par principe de religion et de con- « science.

« Quand le prince a jugé, il n'y a point d'autre jugement; il « faut obéir aux princes comme à la justice même.

« Il n'y a que Dieu qui puisse juger de leurs jugements et de « leurs personnes. »

Or, comme Dieu, pour Bossuet, c'était le pape, on avait le roi-Dieu, soumis à Dieu seul ou à son représentant sur la terre; *le roi de France soumis au pape de Rome!!!* Et ce fut *ce pape de Rome* qui avait déjà ordonné aux rois de France et aux empereurs d'Allemagne d'exterminer la Réforme; *ce pape de Rome* qui avait reçu l'abjuration d'Henri IV, qui fit au roi de France *un cas de conscience* de pactiser avec cette nation, qui, préparée par les enfants de la Réforme, les philosophes du XVIIIe siècle, Voltaire et Rousseau, s'était levée tout entière à la voix du comte de Mirabeau. Voilà ce qui était arrivé! La noblesse hésita un moment; mais, pleine des héroïques souvenirs des croisades, qui, croyance ou vanité, la ramenaient toujours aux pieds de la royauté et de la papauté, elle confondit son Dieu et son roi; elle fut dupe encore de la savante organisation de Rome, elle ne vit rien, ne voulut rien voir, RIEN EXAMINER... DIEU PARLAIT... Qu'écouter, qu'entendre, il n'y avait plus qu'à mourir, et puis c'était pour elle si peu de chose! Wickleff, Jean Huss, Luther, Zwingle, Rousseau, Voltaire, que lui importait tout cela, *que lui importait le mouvement du monde!* Elle suivit son roi, son Dieu, sa dame. N'avait-elle pas, d'ailleurs, déjà tout abjuré avec Henri IV? Depuis lors n'avait-elle pas perdu toute fierté dans les antichambres du roi? N'avait-elle pas perdu toute indépendance d'esprit et de jugement? Aussi la noblesse, qui ne vivait plus que par la vanité, se fit un point d'honneur de répondre à l'appel de son roi... La noblesse perdit toute noblesse; et l'on vit partout les prêtres, ivres des sanglants et mystiques souvenirs du moyen âge, lui prêcher, lui souffler partout, *au nom du Christ*, la haine, le carnage, la vengeance et la mort! On eut les guerres de la Vendée : *cette guerre de géants*, disait Bonaparte. C'est que cette noblesse de France, emportée comme à Crécy par son ardeur, devait toujours, comme la nation formée par elle, vivre ou succomber sous sa gloire.

Le déchirement de la nation fut horrible, affreux : elle s'en alla comme un vaisseau désemparé, sans roi, sans dieu, puisque son dieu c'était aussi son roi; et sans noblesse et sans armée, puisque sa noblesse c'était aussi son armée; au-devant de sa noblesse et de toutes les noblesses, et de toutes les vanités de la terre, liguées contre elle. Et pourtant Dieu permit que cette nation sans roi-dieu, sans noblesse, sans armée, vainquît brillamment le monde ligué contre elle. Ce fut un grand trouble dans le monde! Mais ce trouble fut-il donc simplement le produit du hasard, un jeu passager de la fortune? Non, le roi de France et la noblesse de France avaient erré en ne secondant pas, en n'embrassant pas cette *Réforme*, que pourtant ils étaient allés secourir en Amérique, comme Richelieu naguère avait su l'appuyer en Allemagne. Une question de vanité, d'orgueil mal placé, arrêta chez nous la civilisation, la compromit, la fit périr peut-être! car nous subissons encore aujourd'hui les conséquences de ce fait à jamais lamentable. Notre noblesse se refusa par vanité pure, *elle était voltairienne*, à jouer le rôle de la noblesse d'Angleterre, et à SE RÉFORMER autrement qu'en vaines paroles... Elle aima mieux périr... elle périt... et peut-être la nation avec elle... car depuis ce jour la vanité toujours a empêché la question de faire un pas. La nation proclama la République, faut-il donc la maudire? Que fit la République pour la patrie dans ce moment pressant et terrible? Lorsque tout, peut-être, allait périr, la patrie et son nom..., elle porta cette nouvelle patrie et son nom : *France*, et son nouveau drapeau : *le drapeau tricolore, arc-en-ciel des hommes libres*, plus loin et plus haut que n'avaient jamais été ce nom : FRANCE ! et son ancien drapeau : *le drapeau blanc*.

La République ne sauva pas seulement le patrie ; elle la porta d'un bond jusqu'à ces limites sacrées, rêvées, entrevues par tous les grands Français. Elle porta les limites de la France jusqu'aux bouches du Rhin et de l'Escaut ! Ce ne fut pas, il est vrai, sans d'horribles convulsions ; mais de ces temps ne peut-on aimer passionnément la gloire, en repoussant et abhorrant des crimes qui d'ailleurs ont peut-être tout compromis pour jamais ? La justice à l'œil froid condamnera-t-elle donc ces temps, sans en faire partager la responsabilité à cette noblesse vaniteuse et légère, et à ces rois courbés stupidement sous le joug criminel et corrompu de Rome, après la *Réforme*, après la Hollande, après l'Angleterre, après l'Allemagne, après l'Amérique, après le XVIIIe siècle ? *De la grandeur des aspirations trahies* est venue la chute : qui donc pourrait en dire autant ici-bas ? Que voulait la République ? A quoi aspirait-elle ? Quel gouvernement voulait-elle établir ? Quel souffle l'animait ? J'oserai dire : LE SOUFFLE DIVIN ! Le souffle qui animait tous les grands hommes qui l'avaient préparée, qui l'avaient saluée de loin. N'était-ce pas le souffle divin que celui de Voltaire, venant maudire les hypocrites bourreaux de La Barre et venant réhabiliter Calas en disant : « Oui, je « sens que ce qui me pousse à délivrer cet homme, c'est que je « suis un homme comme lui. » N'était-il pas alors disciple de celui qui avait dit le premier aux hommes : « Vous n'avez qu'un « père qui est au ciel, et *vous êtes tous frères*. »

Voltaire avait dit : « J'ai vu la Liberté descendre de Morat « en habit de guerrière ! » Et la Liberté descendit, le drapeau tricolore à la main ! Et le monde la salua ! Qu'avait voulu la République héroïque comme la noblesse qu'elle remplaçait ? La République voulait élever le genre humain tout entier à l'ordre d'idées de gloire et de vertu, que la noblesse prétendait représenter SEULE... Où la noblesse disait : « foi de gentilhomme! » la République voulait pouvoir dire simplement, fièrement, *noblement aussi* : « foi d'homme ! » La noblesse était morte avec éclat pour la France, et, ayant été à la gloire, elle avait été à l'honneur. La République voulut mourir aussi avec éclat pour la France, et, ayant été à la gloire, elle fut aussi à l'honneur. Faut-il donc la maudire? Il y a des jours affreux, épouvantables, infâmes, je le sais, je l'ai déjà dit, on ne saurait trop le redire. Mais... les fils de la foi sont-ils donc si purs? Qui donc avait enseigné au monde à être impitoyable? sinon les tortionnaires de l'inquisition infâme, partout bénie, encouragée, applaudie par les papes, et par les rois, et par les nobles, qui faisaient l'office hideux de valets de bourreaux. Et, encore aujourd'hui, cette *solidarité hideuse, infâme, existe encore*. La Réforme, la Révolution, rien ne prévaudra donc contre la sotte et misérable vanité d'une caste? Le gentilhomme si haut, si fier, croira-t-il donc toujours devoir mentir à Dieu, à l'honneur et à sa conscience, à cause des croisades? Rien ne viendra donc l'éclairer sur les pratiques de Rome? ne voit-il pas qu'elle s'est livrée aux jésuites, pour éviter de *se réformer*? Et nous parlons de civilisation ! et nous osons juger l'Inde, la Chine, l'Arabie! Mais la République, elle aussi, avait erré, et elle périt justement, car, comme elle s'annonçait, il ne lui était pas permis d'errer; elle retomba écrasée sous le poids du lourd fardeau qu'elle avait voulu soulever... LE MONDE! La République pour réussir aurait dû s'appuyer sur une foi haute et grande, la seule foi digne de Dieu, qui ne veut qu'un cœur pur de superstition et de mensonge : *la foi de la Réformation*, qui fait des hommes en les armant mieux que les sublimes chevaliers du moyen âge, car elle arme leur conscience avant d'armer leurs bras ; la foi de la Réforme qui a donné *justement l'empire du monde* à ses enfants, car ils ont la *mesure et la force*. L'Angleterre, l'Allemagne, l'Amérique, auront toujours et garderont l'empire du monde si nous ne savons pas nous amender, nous moraliser, et croire à Dieu et à la conscience ! au Dieu du Christ et des premiers chrétiens, ce Dieu qu'ont su nous rendre Wickleff, l'*étoile du matin de la Réforme*, Jean Huss, Luther, Zwingle, Know et même ce Calvin qui, frappant encore malheureusement dans Michel Servet un athée, voyait peut-être poindre déjà dans cette doctrine les quelques jours effroyables de la Commune de Paris ! au Dieu haut que Voltaire avait appris à connaître en Angleterre, ce Dieu qu'il confessait dans son héroïque vieillesse en bénissant en son nom le fils d'un descendant des puritains, Franklin, qui le lui demandait, en s'écriant : « DIEU ET LA LIBERTÉ ! » ce Dieu que Marie-Joseph Chénier peignait dans ces vers :

Seul incréé, seul grand, seul nécessaire;
Auteur de la vertu, principe de la loi;
Du pouvoir despotique immuable adversaire.
LA FRANCE EST DEBOUT DEVANT TOI !

Mais encore fallait-il *une forme*, *un centre*, *une discipline à cette foi :* n'était-elle donc pas toute trouvée, et ne fallait-il pas y pousser simplement les hommes en donnant surtout l'EXEMPLE ! Et cette foi, *la Réforme*, n'était-elle pas la mère de la Révolution, et sortie comme elle de l'Evangile de vie du Christ, *comme nous tous*, *fils de Dieu*, nous qu'il appelait si doucement SES FRÈRES ! Oui, la République a erré surtout par la foi. Dans la Réforme elle aurait trouvé l'*esprit de transaction* qui lui manqua. Elle n'adora qu'un Dieu : *la force !* et l'opposa à la *foi mentie* de Rome, des jésuites, des rois et des gentilshommes. La République, outrée de la résistance qu'elle rencontrait, et exaspérée par une foi qu'elle savait jouée, dépassa le but ; elle ne voulut plus aucune foi, elle craignit d'être dupe, elle voulut s'en remettre à la *pure raison :* raison sophistiquée, qui, sans guide, sans point d'appui, sans sanction, s'en alla échouer à l'athéisme.

C'est ce manque de foi absolu qui lui fit porter partout cet esprit de négation, et, à la longue, d'indifférence, dont elle périt. Elle ne sut que détruire, elle ne sut rien édifier. Tout sembla s'écrouler dans le vide; il n'y avait plus ni croyance, ni religion d'aucune sorte. La République tombait en pourriture, pour n'avoir rien su établir sur *une base solide, morale et vraie;* après des crises sans nom, elle s'écroulait dans l'agiotage, les concussions, les désordres, les vices et l'imbécillité. Juste punition d'une République qui n'avait su conclure à rien de vraiment fier, de vraiment noble, de vraiment hardi; elle s'éteignait dans le ricanement sournois de quelques vieux et jeunes drôles corrompus, qui, habitués à ricaner *de tout*, s'inquiétaient peu, après tout, s'il fallait finir par ricaner d'eux-mêmes. Une pareille société devait s'écrouler au premier choc.

Ce choc, ce fut Bonaparte indigné qui le donna. Esprit pur, caractère indomptable, lui, il avait une religion, mais cette religion ce n'était qu'un amour insensé de la gloire! Son fier et puissant génie aurait compris d'ailleurs ce qu'aurait dû être la République. Lui qui faisait saluer par ses drapeaux victorieux la mort de Washington, il pensa peut-être un moment à être le Washington de la France... La France l'y a-t-elle aidé? Était-elle en état de le faire? Trouva-t-il aucun *groupe de Français* capables de la lui expliquer, surtout de la lui faire aimer, et, *mieux encore*, de la lui FAIRE RESPECTER!!

La République ne lui avait enseigné qu'un culte... *celui de la force!* Et cependant Bonaparte avait essayé un moment de marcher avec la liberté; il voulut même fonder un journal et essayer de rallier les partis, mais il ne trouva que des sots jaloux les uns des autres, et déjà inquiets dans ce temps-là de leur bassesse et de leurs appétits réciproques. On ne put s'entendre. Cet esprit gigantesque, puissant, fatigué alors de ces liens de Lilliput, peu faits pour un homme de sa trempe, voulut prendre le vol de l'oiseau son emblème, et porter comme lui, à l'écart de la foule, le poids de sa fierté et de son génie. Il voulut planer sur son espèce... Il s'est corrompu, disent les républicains vertueux que l'on sait. Sentant en lui le démon de la guerre et une ardeur indomptable, il voulut dompter la terre, puisqu'il était constant qu'il avait le champ libre, et qu'il ne rencontrait rien debout devant lui. Alors, méprisant peut-être un peu son espèce, qui ne *savait pas lui résister ;* poussé par la force que Dieu avait mise en lui, il fut l'homme que l'on sait : il chassa cette République battue partout, qui tombait en pourriture, et la remplaça par la gloire du champ de bataille, seule religion que la République laissait à la France. Homme d'action avant tout, pressé d'établir un ordre apparent, pour ne plus s'occuper que de ses rêves héroïques, il reconstruisit la société à la hâte, avec ce qui restait des anciens éléments qui la composaient. Il y mit une grande supériorité et une grande justice. Il consacra, il accepta loyalement toutes les conquêtes de la Révolution; on peut dire qu'il y introduisit l'ordre. Son élévation naturelle, une des plus grandes qui aient traversé le monde, lui fit sentir aussitôt la nécessité d'une religion. Là encore cet esprit juste, autant qu'ardent et passionné, fut sur le point d'aller à la vérité. Fatigué de la duplicité de Rome, avec laquelle il était entré en négociation, il pensa à embrasser la Réforme. *Son conseil d'État l'y poussait!* Mais ce n'était pas assez. Que serait-il arrivé si un groupe important avait déjà embrassé cette Réforme? Mais la République s'était consumée à aller des horreurs de Chaumette et d'Hébert aux fêtes ridicules de la théophilanthropie de La Réveillère-Lépeaux.

Et cependant, sentant sa force, poussé à bout par Rome, il s'écria un jour : « Si je me fais protestant, quarante millions de « Français le seront avec moi! » Dans l'état de stupidité et d'imbécillité où la République a toujours été en France sur cette question, quelle reconnaissance ne lui doit-on pas pour ce simple cri parti de la conscience. Consalvi, le cardinal envoyé par Rome, effrayé par la menace d'établir une église gallicane, se hâta de signer le Concordat. Venant de Bonaparte, on accepta ce Concordat. On pardonna au jeune héros d'aller se compromettre avec Rome; *il fallait être lui pour l'oser!* Et puis, d'ailleurs, comme on méprisait déjà toute croyance (on devançait M. Proudhon), on aima à voir cette papauté restaurée... pour en rire et *se corrompre un peu plus encore*, en s'habituant à rire toujours d'une divinité que le catholicisme déshonore. Et puis l'ambitieux Bonaparte, en repoussant la religion de l'Angleterre et de Washington, qui fait des hommes et non des instruments, ne se trompait pas. Il rétablit donc le catholicisme qui paraissait détruit, cet instrument d'avilissement et de corruption qu'il méprisait, et se proposait de réformer plus tard en mariant le clergé. On peut dire, d'ailleurs, qu'il le rétablit à coups de botte, et en arrachant brusquement la couronne au pape, qui prétendait le couronner lui-même à Notre-Dame, et en couronnant ensuite l'impératrice Joséphine, il fit voir ce qu'il pensait du catholicisme et de ses pompes! ne voulant pas qu'il fût dit par la postérité, à laquelle il pensait sans cesse, qu'un *jacobin* s'était fait couronner par cet homme! Les républicains, toujours sévères et moroses, qui sont athées, alors qu'ils ne sont pas jésuites (ce qui, au fond, est absolument la même chose), ont blâmé Napoléon pour avoir fait le Concordat... Mais que veulent donc les fortes têtes de la république modérée, qui nous parlent sans cesse de la foi de leurs pères?... leurs pères, sans doute de la Saint-Barthélemy, de la ligue, de la révocation de l'édit de Nantes, de M. le vicomte de Chateaubriand.... Eux blâmer Napoléon d'avoir restauré le catholicisme... *O tempora, ô mores!!!* Tranchons le mot : *Dieu, que ces gens-là sont bêtes!!!*

Il reste les fortes têtes de la république rouge : ceux-là blâment aussi Napoléon pour avoir fait le Concordat; ceux-là, au moins, sont conséquents. Ils sont athées, quelque chose comme des jésuites de bonne foi ; ils ne veulent *aucun culte, aucune religion d'aucune espèce :* la commune, voilà leur dieu ; l'incendie, le pétrole et le massacre, voilà leurs autels! Ceci n'est plus de la bêtise... c'est de la frénésie... c'est de...

Napoléon cependant fut toujours mécontent de son Concordat. Depuis le jour où il le signa, et depuis le jour où il refusa à Pie VII de joindre sa signature à celle de Louis XIV, qui avait abjuré dans sa vieillesse les trop fameuses propositions de Bossuet, bien que Pie VII lui promît de tenir son adhésion secrète, il ne put jamais s'entendre avec Rome. M. le duc de Broglie, alors auditeur au conseil d'État, nous fait assister à une séance où l'empereur parla près de trois heures, sans être interrompu, sur les empiétements et les prétentions du clergé. Puis, se tournant vers les auditeurs, il leur dit : « Vous verrez, vous verrez, jeunes « gens, ce qui arrivera quand vous aurez un empereur qui ira à « confesse. » M. Guizot, qui prend l'anecdote dans les notes biographiques laissées par le duc de Broglie, notes où celui-ci se peint comme un disciple alors de la profession de foi du vicaire savoyard, veut bien ajouter que ce langage choqua le jeune auditeur. Ne serait-il donc pas plus juste à lui, protestant (le fléau du protestantisme, disait un jour M. Martin Paschoud !), de s'étonner de ne pas voir le jeune auditeur philosophe répondre respectueusement au grand homme inconséquent : « Sire, si vous « aviez embrassé la Réforme, comme Votre Majesté en a eu un « moment la pensée, vous n'auriez pas ces craintes pour vos « descendants. » Mais ne sait-on pas que la doctrine aime toujours mieux se gourmer que *d'essayer* de comprendre !

Quinze ans Napoléon pétrit l'Europe de ses mains puissantes; mais un jour la fortune se lassa du héros qui, après avoir abandonné la liberté, venait d'abandonner aussi la Pologne héroïque. Napoléon succomba à Waterloo, et il eut la douleur de laisser cette France, qu'il avait tant aimée, plus petite qu'il ne l'avait reçue. A Sainte-Hélène encore il parlait de ses projets sur la papauté ; il comptait, disait-il, s'en emparer pour la contraindre à *des réformes!* Lui, cependant, si justement sévère pour ce qu'il aimait à appeler les *idéologues*, tenir un pareil langage ! La proclamation du nouveau dogme de l'Immaculée Conception de Marie, mère de Dieu ; le *Syllabus*, ce codicille ajouté au testament du moyen âge ; et ce dernier concile, proclamant l'infaillibilité papale, lui ont, je pense, suffisamment répondu !!!

III

Nous venons d'examiner très-rapidement les trois règnes : *Monarchie*, *République*, *Empire*, et nous les avons vus tous successivement périr, sans laisser aux temps nouveaux *une forme religieuse*, capable de servir de solide appui à l'ordre moral de l'État. Ils ont tous, même la monarchie, ébranlé *l'ancienne forme religieuse*, le catholicisme. Ils ont tous ainsi divisé, troublé profondément l'ordre moral ancien ; et, en ne le remplaçant pas, ils n'ont rien su ou pu faire, pour rasseoir cet ordre moral si profondément troublé. La *forme de religion*, n'est-ce pas la *constitution morale de l'État*, comme la *forme de gouvernement* est la *constitution politique* de ce même État? Et dans un État bien ordonné ces deux constitutions ne doivent-elles pas exister? L'État n'est l'État qu'à la condition de surveiller, de gouverner ces deux choses : la morale et la politique ; cela est tellement vrai, que *l'une décidera de l'autre : voyez les États catholiques, voyez les États protestants !*

La France, qui se croit volontiers le pays le plus avancé de la terre, et qui l'est peut-être, puisqu'elle est le pays le plus généreux de la terre, et par cela même le pays le plus vraiment chrétien de la terre; la France, pays autrefois essentiellement catholique, n'a pas pu encore remonter à la source du christianisme, comme l'Angleterre, comme la Hollande, comme l'Allemagne, comme l'Amérique, comme l'Italie de nos jours, où l'on voit tant d'illustres membres du clergé se marier, et où l'État se garde bien de l'empêcher et d'en être STUPIDEMENT choqué. Et cependant ce travail en France, comme et bien plus qu'en Italie, et aussi en Espagne, et aussi en Autriche, est fait dans les esprits. L'abbé Gioberti ne disait-il pas : « *Tout philosophe* « *catholique est protestant.* » Ne pourrait-on pas ajouter : « *Il n'y a plus aujourd'hui, heureusement pour l'humanité, d'État* « *vraiment catholique.* »

Le catholicisme n'a-t-il pas disparu *en idée* de tout État qui a proclamé la liberté de conscience ; et où la liberté de conscience aujourd'hui n'existe-t-elle pas, puisqu'à Rome même flotte le drapeau tricolore ? Oui, le catholicisme s'écroule ; c'est un grand trouble dans l'ordre moral. Mais pourquoi l'avait-il faussé, et n'a-t-il jamais voulu *se réformer ?* Ne voyons-nous pas que le drapeau blanc sera le linceul où lui et l'ancienne monarchie française s'envelopperont pour disparaître et mourir. Si les États qui ont proclamé la *liberté de conscience* sont encore troublés, c'est que chez eux la constitution *politique de l'État* a devancé *la constitution religieuse de ce même État.* Un État qui proclame la liberté de conscience n'est certainement plus catholique ; mais il n'en est que plus chrétien, au sens le plus élevé du mot, car il cherche l'équité et la justice.

Et cet État ou plutôt les chefs de cet État doivent dire avec les unitaires, avec Channing, avec Parker : « La vie éternelle, « c'est de te connaître toi le seul vrai Dieu, et Jésus-Christ que « tu as envoyé. » Et, bien malgré eux, ils augmentent le trouble, le fomentent et l'excitent, lorsque, par préjugé d'enfance, *n'osant pas embrasser simplement le protestantisme*, ils disent comme M. Odilon-Barrot, *une des lumières de la France* (il défendait, en 1819, les protestants du Midi, poursuivis pour avoir refusé de tapisser leurs maisons devant la procession de la Fête-Dieu) : « La « loi est *athée et doit l'être*, en ce sens qu'elle protége toutes les « religions et ne s'identifie avec aucune. » Voilà assurément *une grande hérésie philosophique !* Le mot athée ne doit jamais être prononcé ; au XIXe siècle, *c'est un non-sens !* Il faut laisser cela aux ignorants, aux sots, aux malheureux aigris qu'il faut ramener ! La loi, bien au contraire, est partout au XIXe siècle essentiellement déiste avec Socrate, avec Platon, avec le Christ, avec les chrétiens, avec Jean Huss, avec Luther, avec Zwingle, avec Bacon, avec Voltaire, avec Rousseau. Elle est déiste partout où règne la liberté de conscience.... et cette liberté règne partout aujourd'hui! Mais en France les passions sont vives... et courtes; on se dit athée pour ne pas se dire catholique, et on n'oserait encore se dire *protestant!* Les penseurs du jour poursuivent je ne sais quels songes creux, arides, pour y chercher la *formule des temps nouveaux*, comme s'il y avait rien d'inconnu sur la terre, et comme si tout ne participait pas, ne découlait pas de ce qui dans le passé a été la foi vraie, la science vraie. Je dis la foi vraie avant la science vraie, parce que le *sentiment*, le pressentiment (la foi) a précédé toujours la découverte; que toutes les découvertes ont été pressenties par les cerveaux vraiment puissants qui ont traversé le monde; et que tous ces cerveaux adoraient, *pressentaient* un Dieu créateur. La foi a donc toujours précédé et éclairé la marche de la science. De là est sortie l'autorité vraie, et l'ordre est de s'y soumettre. Mais l'ordre sera doux s'il s'appuie sur la vérité, il ne sera inflexible que dans la lutte criminelle; ce sera en quelque sorte la philosophie armée, qui se défendra tout en sachant bien d'ailleurs que l'intolérance est fille des faux dieux. La lutte, d'ailleurs, grandit toujours l'homme. Il semble qu'elle soit destinée par Dieu à retremper la créature qui s'égare, à lui rendre sa lucidité première.

Napoléon, nous l'avons vu, est encore celui qui avait fait le plus pour arriver à ce changement de religion. Il y avait du moins pensé, et c'est beaucoup dans un pays où l'on pense toujours trop ou pas assez. Si la nation avait su conclure à quelque chose en religion, il aurait respecté sa résolution, comme il avait respecté sa résolution dans toutes les lois civiles de la révolution. S'il retourna au catholicisme, c'est que son esprit puissant avait horreur du vide; et son esprit, juste toujours, quand il n'était pas aveuglé par la passion de la gloire, fut toujours mécontent du catholicisme, qui d'ailleurs le lui rendait bien.

Nous avons donc essayé de passer en revue les trois règnes : *Monarchie, République, Empire*. Hélas! nous allons les revoir encore à l'œuvre, après la terrible secousse de 1815, dont la France ne s'est jamais bien remise, et qui reste comme la date fatidique de son histoire. Chacun de ces essais sera comme sa propre caricature : c'est à ce jeu funeste que meurt la France. Nous aurons d'abord la Restauration, caricature de la grande monarchie française, qui aura toutes les prétentions, et rien de plus, de la grande monarchie de Louis XIV. Nous aurons ensuite l'usurpation de famille de 1830. Et puis la honteuse imitation de la république, qui restera toujours comme la plus honteuse des dégradations; car ce sera la dégradation de l'idéal que poursuivra toujours ce peuple de France, si impressionnable et si inquiet, à la voix de charlatans et de sycophantes qui semblent se moquer de lui *et d'eux-mêmes!* Enfin, je dirais aussi la caricature de l'Empire; mais c'est de lui seul que je ne le dirai pas, et qu'on ne peut le dire, à cause de ce qu'il a fait pour l'Italie, et de sa proclamation de Milan qui, jusqu'à ce jour, a été la plus belle application des doctrines révolutionnaires françaises, plus chrétiennes qu'elles ne veulent le paraître : la protection du juste, la délivrance de l'opprimé, la délivrance des nations qui souffrent! Le rôle, en un mot, du bon Samaritain que le Christ met au-dessus même du *sacrificateur* (le pape), qui passe sans s'occuper des douleurs de la terre!!

IV

En 1815, on eut la triste parodie de la grande et vieille monarchie des Bourbons, qui rentrait en prenant le régicide Fouché pour ministre, ce qui faisait dès lors dire à M. de Châteaubriand, s'adressant à Louis XVIII : «Sire, tout est perdu; » et Louis XVIII en larmes lui répondait : « Je le crois comme vous!» Ainsi débutait cette Restauration, ou plutôt ces deux Restaurations, revenues toutes deux dans les fourgons de l'ennemi.

M. le duc de Broglie, sous les yeux duquel tous ces événements se sont passés, et qui devait être par droit de naissance un des piliers de la Restauration, s'exprime ainsi sur elle : « Ce ne fut « *qu'au bruit du progrès des alliés*, et *précisément dans la mesure de* « *ce progrès*, que j'entendis prononcer *le nom des princes de la* « *maison de Bourbon.* » Les républicains du jour nous disent cependant que le concours des étrangers n'était que fortuit... Les républicains n'ont pas toujours tenu ce langage. C'est depuis 1848 qu'ils ont fait cette belle découverte, et où les a-t-elle menés, grand Dieu! C'est bien de ces deux Restaurations malheureuses de 1814 et de 1815 qu'on peut dire qu'elles furent la pire des restaurations : la *Restauration de l'erreur!* Après la Réforme, après la Révolution, qui malheureusement ne l'avait pas embrassée; après le XVIIIe siècle, après Voltaire, après J.-J. Rousseau, on voulut nous ramener au moyen âge. Et on vit le retour de cette noblesse qui se passionna pour l'erreur, pour le droit divin de Bossuet et de Jacques II, avec la charte octroyée. Les inspirateurs de ces temps furent MM. de Maistre, de Marcellus, de Montmorency, de Bonald et de Châteaubriand. Ce n'est pas que le voltairien Louis XVIII n'eût rien appris en Angleterre et en Allemagne; mais comment demander à des rois de droit divin d'*appliquer* jamais quelque chose de ce qu'ils peuvent entrevoir? Comment demander jamais quelque chose au catholicisme? *Non possumus*, nous l'avons vu, sera son *éternelle réponse*. La Restauration le prouva quinze ans de suite, puisque la France la supporta pendant quinze ans! La Restauration, qui n'était que la restauration du fanatisme, débuta par des massacres : les massacres du Midi et les massacres du Languedoc. C'était partout comme un réveil de la férocité et de la stupidité du moyen âge. Tandis que les Trestaillons de la rue massacraient les généraux Brune, Ramel, Lagarde, le gouvernement faisait fusiller à son tour Ney et Labédoyère... Mais ce n'était pas assez, bientôt les cours prévôtales devaient porter partout la terreur. On voulait ainsi faire oublier l'Empire! On le remplaça par la congrégation de M. de Montmorency, le gouverneur du duc de Bordeaux; par les prédications de M. de Frayssinous, et par les retraites chez les jésuites de Montrouge et de Saint-Acheul! Voilà les gens avec lesquels les républicains de nos jours ont été contracter ce qu'on a osé appeler : l'*Union libérale*. Mais on avait une haine commune de l'Empire! l'Empire, qui au moins nous avait délivrés des héros de la République de 1848, et des héros de 1830! La noblesse de France eut seule un éclair; on dit qu'un moment les chefs de la Vendée s'abouchèrent avec les chefs de l'armée de la Loire, et qu'on pensa à défendre la France, comme autrefois avait su se défendre l'Espagne! Vains rêves! Tout s'évapora en paroles, on parla pendant *quinze ans* de la liberté de la presse, du sacrilége et du pape, et on ne fit rien pour la *sécurité morale et matérielle* de la France de l'avenir. On revit cependant un nouveau sacre; mais il ne servit qu'à mettre le comble au ridicule de cette royauté, qui s'évanouit bientôt au bruit de ce dernier refrain sorti de la prison de Béranger :

« Dans mon vieux carquois où font brèche
« Les coups de vos juges maudits,
« Il me reste encore une flèche;
« J'écris dessus pour Charles Dix.
« Malgré ce mur qui me désole,
« Malgré ces barreaux si serrés,
« L'arc est tendu, la flèche vole :
« *Mon bon roi, vous me le payerez.* »

Coblentz, 1814, Waterloo, 1815, la congrégation et les jésuites... Voilà toute la Restauration. Il aurait dû se former alors un parti grave qui aurait enfin compris que tout le mal venait du catholicisme, et qu'il fallait absolument le remplacer; et les libéraux auraient dû se faire un devoir d'honneur de sortir du catholicisme, de ce catholicisme *de tête* de M. le vicomte de Châteaubriand, et d'embrasser simplement la Réforme : c'eût été un honorable exemple à donner aux masses. Mais non, rien. On entrait dans ces discussions sans fin, sans conclusion. On préparait le règne vide de ces bavards de tribune, de ces fortes têtes de prud'hommes de la bourgeoisie qui restèrent catholiques, comme ils étaient patriotes, par sot préjugé, pensaient-ils, et sans que l'un plus que l'autre tournât à une conclusion malsaine : le *fanatisme ou la guerre !*

Lorsque cette légitimité, cette vieille royauté de la France, pleine des maximes de Rome, de Bossuet, de Louis XIV et de Jacques II, son favori, qui nous dit dans ses Mémoires : « *Il est « certain qu'il n'y a pas de loi dont ne puisse dispenser celui qui « a donné la loi,* » eut été chassée, la France, moins heureuse que l'Angleterre, n'eut point un parlement assez haut pour proclamer « que Jacques II, roi d'Angleterre, en détruisant, *par le « conseil des jésuites et autres méchantes gens, les libertés et la religion nationale*, a abdiqué la couronne. » Non, la France n'avait point trouvé, depuis sa révolution, une religion qu'elle pût appeler *nationale*. Elle errait à l'aventure; elle chassa bien aussi Charles X pour avoir pactisé avec les Jésuites et autres méchantes gens. Mais elle resta dans le catholicisme, la religion des Jésuites, et elle fit des phrases.

V

Tout était donc de plus en plus ébranlé, et rien, jamais rien n'était résolu! A la gloire évanouie en 1814 et 1815, à l'Empire, à cette aventure de jésuites, la *Restauration*, allait succéder la royauté bourgeoise de Louis-Philippe : quelque chose comme M. Dimanche sur le trône! Elle débutait dignement cette royauté: elle arrivait avec la négation de tout prestige et de tout droit, par une usurpation de famille, qu'aucune ambition, sinon celle du lucre, ne vint jamais expliquer. On vit un roi finassier mettre toute son habileté à fausser pendant dix-huit ans le gouvernement représentatif; il sut jouer avec la sottise de ses différents ministres, les brouiller, les bafouer, les jouer selon ses volontés. Jamais la France ne traversa peut-être une époque plus triste. Ce fut, il semblerait, le triomphe de la bassesse en tout; on comprima ce mouvement de 1830, qui avait si fort effrayé l'Europe et les bons bourgeois; on n'alla encore franchement au-devant d'aucune réforme. On crut très-habile d'en nier la nécessité : responsable, on ne le fut pas d'ailleurs beaucoup. On comprenait si peu, et on finassait tant! On sembla essayer, par tous les moyens, de se faire pardonner notre fierté et notre gloire passées, on voulait à tout prix, fût-ce *à coups de pied*, rentrer dans le *concert européen*. Et cependant, quelle ardeur au début. Les ministres disaient : « Sous très-peu de temps nous au-« rons, outre nos places fortes approvisionnées et défendues, « *cinq cent mille hommes en bataille*, BIEN ARMÉS, BIEN ORGANISÉS, BIEN « COMMANDÉS. Un million de gardes nationaux les appuieront. » Et c'est ainsi que, bien qu'animaux sans vertu, affublés qu'ils étaient de la peau de la France, ils s'essayaient à faire trembler tout le monde!!

Mais l'Europe se rassura vite; elle comprit bientôt qu'elle assistait à l'enfantement du chauvinisme, ce patriotisme impuissant et vantard du bourgeois. Tout s'en alla en fumée! Et cependant, une occasion s'offrait de réparer en partie nos désastres de 1815. Une partie de nos frontières s'offrait à nous ; la Belgique se soulevait et nous tendait les bras. La France frémissante voulait s'élancer, mais on la conti et non content de préparer par cette lâche incurie les malheurs de l'avenir, non-seulement on laissa la Belgique sympathique se métamorphoser pour nous en sentinelle anglaise à nos portes! mais encore Louis-Philippe donna sa fille à son roi Léopold, qui avait été l'aide de camp de Wellington à Waterloo! l'*Attale anglais!* Ainsi débutait ce règne, et c'est ainsi qu'on retourna contre elle-même l'ardeur de cette race gauloise et franque, ivre toujours des souvenirs d'une gloire sans égale. On n'eut pas la guerre étrangère, mais on eut la guerre civile. Elle fut terrible : on semblait préluder aux journées de juin et de mai! Des régiments entiers devaient traverser la France au galop, et se jeter sur Paris aux cris de : *Vive la République!* La République, ce mirage dans le désert, apparaissait comme la victoire définitive à ce peuple tourmenté. Mais toute cette ardeur mal dirigée, et sans but défini, s'éteignit bientôt dans les égorgements de Lyon et de Paris. Aussi, grâce à la férocité, à la brutalité de la répression, ce mot : la *République*, n'en devint que plus l'idéal du peuple. Nous ne verrons que trop où devait aboutir ce rêve : la *République!* cette panacée sociale et patriotique, ou plutôt cette négation de toute société et de tout patriotisme, en 1848. Déjà on mettait à sac Saint-Germain-l'Auxerrois, et, sans se rappeler que de cette église était parti le signal de la Saint-Barthélemy, on faisait simplement remonter jusqu'à Dieu la responsabilité des crimes sans nom, de la corruption et de la bassesse de ses prétendus seuls vrais ministres ici-bas ; c'était déjà cette rage aveugle qui se vengeait sur les pierres, sur les monuments, en attendant qu'elle le fît sur les individus, sans conclure d'ailleurs à rien de pratique. Mais aussi quels chefs! quelle direction! quel plan! quel but! On vit, dans le pays de Voltaire, s'étaler des religions nouvelles. Il y eut là des scènes dignes de Charenton! La police fut obligée d'intervenir, et de fermer les nouveaux temples, et d'interdire le nouveau culte : *le culte de la chair, et le culte de l'argent!*

Cependant la royauté bourgeoise se couvrait, à sa manière, d'une gloire immortelle ; elle triomphait à la fois d'une femme : la duchesse de Berri, et d'un vieillard : le prince de Condé ! Elle prenait l'honneur de l'une, et la fortune de l'autre ; et se rappelait juste à temps qu'elle était libérale, pour refuser aux compagnons de guerre du prince de Condé ce qu'il leur laissait dans son testament.

C'étaient les fastes du règne, en attendant les disputes sans fin de MM. Molé, Guizot, Thiers et Odilon Barrot : « L'Europe a les « yeux fixés sur nous, s'écriait un jour M. Molé (dont le seul « nom, prononcé plus tard, devait emporter, en février, cette « monarchie de hasard) ; elle veut savoir qui l'emportera, de « M. Guizot ou de moi. » Alors on assista à ces luttes de la tribune, qui, après avoir plongé la France dans un hébétement salutaire, ne s'appliquèrent plus qu'à lui inculquer l'amour du gain et de l'Angleterre... CE FUT L'ENTENTE CORDIALE !!! « Enrichissez-vous, » disait dédaigneusement M. Guizot à ceux qui auraient encore voulu s'informer de ce que devenait le pays dans ses mains. La France put éprouver, en ces jours sombres, la vérité de cette parole de Napoléon : « *S'appuyer sur les chefs de partis en France,* « C'EST S'APPUYER SUR LE VIDE. »

On ne voulut plus que *faire des affaires*, et quelles affaires ! Le type de Robert-Macaire en sortit... On l'opposa à la redingote grise et au petit chapeau. Et puis, pour comble d'ineptie et d'incapacité imbécile, lorsque la timidité, l'humilité, l'aplatissement du règne furent constants en Europe, et devenus presque légendaires, Robert-Macaire alla chercher Napoléon à Sainte-Hélène et le fit passer sous l'arc de triomphe !!! L'Empire était rétabli ! On ne tarda pas à s'en apercevoir... Déjà un Napoléon était venu dire à la France : « L'Empereur, mon oncle, aima mieux abdiquer « l'empire que d'accepter, par des traités, les frontières res- « treintes qui devaient exposer la France à subir les dédains et « les menaces que l'étranger se permet aujourd'hui. Je n'ai pas « respiré un jour dans l'oubli de tels enseignements. » L'avenir était là. Ainsi l'avaient voulu ces républicains qui, depuis la mort d'Armand Carrel, étaient devenus parlementaires, doctrinaires, humanitaires et cléricaux; et qui, après avoir parlé sans cesse à la France de 1814, de 1815, de revanche et d'honneur, devaient s'effondrer avec elle dans l'immense gouffre où nous allons tomber.

VI

Le 24 février 1848, cette royauté sombra dans le ruisseau sur lequel on l'avait jetée comme une planche, ainsi que le disaient ceux-là mêmes qui, effrayés déjà à l'idée de tomber dans les mains des républicains de 1848, nous l'avaient fabriquée par désespoir. On retomba donc en république, car n'est-ce pas retomber qu'il faut dire, en parlant de 1848 et de ses hauts faits?... et c'est ainsi que la France, la glorieuse vaincue de 1814 et de 1815, se traînait de chutes en chutes. Après 1830, la *royauté bourgeoise!* voici venir 1848, la *république bourgeoise!* Et l'on s'étonne encore de la chute définitive, peut-être, à laquelle nous venons d'assister: mais comment donc un pays pourrait-il supporter, sans sombrer, de pareilles avalanches de médiocrités, de bassesses et d'impuissances, où il semble vraiment que personne n'ait de but, ni d'idée, si ce n'est celle du fameux: COMBIEN CELA RAPPORTE-T-IL?

Muse, dis-moi comment il faudra peindre cette époque à jamais sinistre et déshéritée, qui vit arriver au pouvoir cette fournée de républicains célèbres par la susceptibilité patriotique qu'ils aimaient à étaler... dans le *National??* Temps heureux... et que nous étions destinés à revoir... temps qui donniez Proudhon à la philosophie et Courbet à l'art... temps précurseurs de MM. Victor Hugo, Fomberteau et Vermersch!!! La révolution de 1848 débuta comme la révolution de 1830, en étonnant le monde après l'avoir épouvanté. L'Europe crut un moment que cette fois la France allait déborder sur elle! Tous les trônes tremblaient sur leur base ; les rois éperdus de la sainte-alliance portèrent, en pâlissant, la main à leur couronne vacillante! On crut qu'au moins les républicains allaient saisir ce moment d'effarement suprême, pour rentrer dans ces frontières conquises par leurs pères et par Bonaparte, et qu'ils avaient sans cesse redemandées à Louis-Philippe, depuis 1830.

Les nations crurent que ces républicains, qui avaient gémi sur l'Italie, sur la Pologne, sur... *tout*, allaient au moins faire quelque chose! Eux, ils débutèrent par se mettre dans les mains d'un sot et d'un niais (il y en a toujours, hélas! prêts à prendre la place, et à se mettre en avant, dans ce bon pays de France!) : LAMARTINE! ce nom dit tout... Ce gentilhomme nuageux, romanesque, dont la poésie s'inspire du bêlement des troupeaux et du tintement des cloches, s'avança couronné de nénuphars, et fit à l'Europe le joli manifeste que l'on sait! La France, y disait-on, ne reconnaissait plus les traités de 1815... mais elle en respectait les conséquences! Jamais l'art de parler pour ne rien dire... le parlementarisme, n'avait été plus loin! La vieille Angleterre, qui avait été un peu étonnée de tout ce bruit, s'aperçut aussitôt qu'elle était en présence d'une seconde édition des hommes de 1830... Elle dut bien rire, l'aristocratie anglaise, de l'allure de ce gentilhomme glabre! Elle changeait un roué : *Talleyrand*, contre un niais : *Lamartine!* La politique avec la France devenait décidément une sinécure. Pauvre France!.. est-ce donc le séminaire qui met dans cet état tes enfants? La République, après avoir ainsi conclu cette habile paix avec l'Europe, se retourna (qui le croirait, si ce n'était simplement de l'histoire!), se retourna contre l'armée. Elle sembla lui en vouloir de s'être souvenue qu'elle était avant tout française et ne pouvait vraiment, *sans ordres d'ailleurs*, tirer sur une garde nationale qui ne tirait pas, et se mettait toujours entre elle et le peuple, qui l'insultait stupidement. On fit des proclamations dans lesquelles, en des termes presque insultants, on paraissait se méfier de cette brave armée qu'on éloignait de Paris, et on confia la garde de la République au peuple ignorant, qui venait de la fonder à peu près *sans le savoir*... et on le bourra de cartouches (je le sais, pour l'avoir vu !)... L'Assemblée nationale vota ensuite le fameux ordre du jour de la république : « Pacte fraternel avec « l'Allemagne; affranchissement de l'Italie; reconstitution de la « Pologne libre et indépendante. »

On chauffa tous les esprits à blanc... *et on attendit*... Les effets de cette sage et prudente politique ne tardèrent pas à se montrer... Bourgeois-gentilhomme toujours heureux, on avait évité *la guerre étrangère;* malheureusement ce fut au prix de *la guerre civile!* Ce furent les journées de juin! Peuple infortuné, que des ambitieux, plus imbéciles encore que coupables (à les voir de près), avaient leurré de mille façons; il s'en remit à la force du soin de lui assurer toutes les promesses de cet Eldorado : LA RÉPUBLIQUE! Ne l'avait-on pas armé jusqu'aux dents pour la défendre!

On oublie vraiment trop ces temps, car c'est à cause d'eux qu'on n'aime pas la *République*, que persistent à nous offrir encore cependant quelques niais ignorants, oublieux ou plutôt inconscients (que comprennent-ils?) de ce sinistre, épouvantable et horrible passé. Il y eut là des scènes qui ne manquèrent pas de grandeur. L'ouvrier Pajol, parlant au nom des ateliers nationaux en armes et prêts à combattre, demandait à M. Marie une transaction, peut-être impossible avec le socialisme, en termes pleins d'une grandeur étrange. Mais M. Marie se reculait et répondait, moins grandement assurément : « Vous oubliez à qui « vous parlez! » C'était bien vraiment de cela qu'alors il s'agissait. Mais le bourgeois! songez donc... un homme du peuple et un homme du palais! Et la devise : « *Liberté*, *égalité*, *fraternité* » étincelait au frontispice de tous les monuments. Que n'était-elle dans vos cœurs faux, ô républicains de 1848. Pajol se fit tuer sur les barricades (M. Marie devint, lui, l'avocat que l'on sait!).

Quelle énergie... et quelle énergie vaine et inutile, que dis-je, funeste à la patrie! A qui la responsabilité de ces luttes infâmes?... à personne, peut-être, qu'à la bêtise de ces temps. Et l'on nous parle encore de la République??? Un général, un *sauveur de guerre civile*, les républicains n'aiment que ceux-là, sortit de ces luttes. C'était le grand, l'austère, le pur *Cavaignac*. Il portait un nom peu pacifique naguère au *National!* Mais il l'était devenu dans les rues de Paris... N'était-ce pas naturel... la paix après la VICTOIRE!!! Il fut l'homme des bourgeois et des républicains, on aimait cet homme qui avait si bien combattu... *à l'intérieur au moins!* Ce fut la politique nouvelle de la République; aussi on laissa écraser l'Italie à Novare, sans plus se soucier du fameux programme : Affranchissement de l'Italie. Cavaignac devint le dieu du jour! Les républicains, dit-on, sont encore fiers de ce passé. Oui, il les honore, il honore la République. Et ces gens-là viennent nous parler du 2 Décembre et de l'Empire. Ont-ils bien leurs têtes???

La république cependant poursuivait son cours glorieux. Non-seulement elle rappelait sa prétendue armée des Alpes, mais elle feignait de ne pas voir la Hongrie soulevée, et feignait de ne pas entendre son chargé d'affaires le comte Téléki, qui suppliait le général Cavaignac de jeter des *pantalons garances* aux bouches du Cattaro. Ouich! la République rêvait d'autres exploits. Cavaignac ne voulait-il pas restaurer le Saint-Père!!! ces vertueux et exaltés républicains, demi-bourgeois, demi-manants, ne sont-ils pas toujours à l'occasion de bons et féaux catholiques romains! Et voilà comment la France révolutionnaire, qui ne sait jamais trancher la question du catholicisme, finit toujours par s'empêtrer dans cette question si *peu importante* cependant, à entendre tous ces braves gens capables : la *question religieuse!* Et vraiment n'est-il pas aussi profondément ridicule que profondément triste de les voir venir tous périr sur ce prétendu roc du catholicisme, qui, lui, de son côté s'effondre sous les doubles coups de la Réforme et aussi de la France! M. Guizot et le général Cavaignac étaient ici d'accord, ou pouvaient bien abandonner l'Italie et la liberté, mais il fallait à tout prix soutenir quand même le pape, dont tous ces *puritains ne pouvaient se passer!* Cavaignac prit donc la succession de M. Guizot, qui avait déjà décidé, ainsi qu'il le dit dans ses mémoires, d'envoyer des troupes à Rome pour y maintenir la papauté. C'est qu'en France, dès qu'il s'agit du catholicisme, MM. de Falloux, Montalembert, Guizot, Thiers, les républicains, les philosophes, toutes ces fortes têtes sont subitement d'accord. Les choses ne sont-elles pas en effet si habilement arrangées par tous ces gens CONVAINCUS, qu'il n'y a plus de place pour rien que pour Rome ou l'athéisme. Mais les beaux jours de Cavaignac étaient passés! On consulta la France sur le choix d'un président de la République; et la France tout d'une voix, tambours en tête, précédée du drapeau tricolore, s'en alla aux urnes du scrutin aux cris de: VIVE L'EMPEREUR! La France semblait se ressaisir à ce nom fatidique : *l'Empereur!* Elle semblait évoquer sa grande ombre, en présence des turpitudes sans nom de tous ces gens qui depuis dix-huit ans lui prêchaient le mépris de Louis-Philippe, lui parlaient de sa corruption (ils sont tous si purs!), et du jour au lendemain l'imitaient sans pudeur dans tout ce qu'ils avaient blâmé en lui. *Napoléon*, ce nom semblait une égide. Hélas! la pourriture bourgeoise devait se charger aussi de le corrompre, et s'il fut revenu en personne, il aurait sans doute dit ce qu'il disait déjà en 1815 : « *La France est changée!* » Oui, hélas! la France est changée, ce que nous voyons c'est une *France nouvelle* : la France nouvelle de MM. Prévost-Paradol et des *Débats*. Mais n'est-elle pas changée, pourrait-on justement dire, en retournant le mot de M. Prévost-Paradol, parce qu'elle est retombée dans la main de palefreniers, de doctrinaires, de parlementaires, d'humanitaires, de cuistres et d'avocats, qui étouffent à qui mieux mieux son génie!

Napoléon sortit de l'urne du scrutin... et cependant Cavaignac avait inondé la France de sa biographie : Cavaignac! Napoléon! O *aveuglement!* la France choisit *Napoléon*. Empêtré dans les rets des républicains et des habiles de la rue de Poitiers, le président de la République fut long à se ressaisir, et puis ce nom de *Napoléon* doit être *si lourd à porter!* Il voulait, et il ne voulait pas. Lui qui devait créer l'Italie à Magenta, à Solférino et aussi à Castelfidardo, il ne tint aucun compte du vote de l'assemblée qui l'invitait *à prendre* « sans délai les mesures néces- « saires pour que l'expédition d'Italie ne fût pas plus longtemps « détournée du but qui lui était assigné. » Mais cette assemblée républicaine n'avait-elle pas aussi perdu depuis longtemps toute considération; que ne parlait-elle à Cavaignac, au grand, au sublime Cavaignac. Le président s'empêtra donc avec Rome, comme le grand Cavaignac; il eut même l'imprudence d'y entrer pour n'en JAMAIS plus sortir, sans comprendre que le pouvoir temporel s'était tué par l'encyclique du 16 avril, qui venait dire à l'Italie que la papauté ne pouvait, par scrupule de conscience, s'associer à la guerre de l'indépendance italienne contre l'Autriche. La papauté n'avait pas toujours eu ces scrupules sur la guerre, et elle semblait oublier qu'elle ne l'avait jamais faite encore aux ennemis de l'Italie! Pie IX se dérobait ainsi volontairement au rôle de chef de la croisade italienne, qu'il avait voulu assumer un moment. Il ne restait donc plus à Pie IX que le *pouvoir spirituel*... Qu'était-il au dix-neuvième siècle?

C'est ainsi que tout se tient et s'enchaîne; mais en France nous ne sommes rien; en Italie, en Espagne, que sont-ils??? En Angleterre, en Hollande, en Amérique, *en Allemagne*, je vois bien cependant ce qu'ils sont, et s'il y a encore des gens qui ne le voient pas, ils sont bien obligés, du moins, de dire que nous le sentons tous EN FRANCE... et bien CRUELLEMENT. Et quand on pense que c'est cet acharnement hypocrite de la France, d'ordinaire si franche et si gaie, à défendre le catholicisme (ce catholicisme dont les républicains eux-mêmes s'affublent à l'occasion, pour ne pas se donner *le ridicule* d'embrasser la Réforme), qui nous a valu la perte de nos frontières en nous brouillant avec l'Italie, qui nous avait déjà rendu la Savoie et Nice !!!

Qui donc nous rendra nos frontières morales : une religion morale, un clergé marié, point de confession, pas de dogmes; la Réforme, en un mot; cette religion que semble entrevoir le P. Hyacinthe, qui nous parle d'un catholicisme qui épurerait ses dogmes dignes des bonzes (le mot est de lui, et *au Japon*, on vient de leur permettre de se marier... *si cela leur convient!*) et qui marierait son clergé; et l'infortuné M. Darboy, archevêque de Paris, qui écrivait à M. l'abbé Michaud, en parlant du concile et de ses décrets, que tout cela ne serait jamais qu'une querelle de sacristains (textuel). Et qui nous rendra donc aussi nos frontières politiques : le Rhin, les Alpes et les Pyrénées? Ne voit-on donc pas que les deux questions se touchent. Réformons-nous et restons patriotes. Laissons l'athéisme à Rome et aux jésuites, et tout peut être encore sauvé.

Le président de la République, cependant, voulait intervenir en faveur des Italiens, tout en restant à Rome, mais le ministère Odilon Barrot s'y opposa. M. Odilon Barrot, qui avait parlé jadis de déployer le drapeau tricolore sur les Alpes, s'écriait : « *Le fruit n'est pas mûr!* » Et c'était en attendant la République qui mûrissait, et M. Thiers y aidait : orléaniste, républicain, catholique, philosophe, bonapartiste à ses heures; il retrouvait tout cela rue de Poitiers, où, tout en bégayant dans la terreur le nom de Proudhon et du socialisme, on riait bien tous les jours de cet idiot de président que le général Changarnier devait empoigner un jour; et, ce beau jour arrivé, M. Thiers se réveillait à Mazas! L'empire était fait.

VII

Ainsi cette bourgeoisie républicaine ou monarchique, qui n'avait su en appeler qu'aux appétits d'en bas et d'en haut, s'était complétement trompée; et notez que je ne parle pas des gentilshommes, *je les crois plutôt bonapartistes au fond;* car Bonaparte, malgré ses fautes, *les fautes du génie, du moins*, voulait la grandeur de l'État, que les gentilshommes, autrefois, avaient créée avec l'ancienne monarchie; seulement Bonaparte voulait associer de bonne foi cette grandeur à la révolution dans ce qu'elle a de légitime. Oui, *de bonne foi;* car s'il avait les défauts du génie, il faut bien admettre aussi qu'il en avait LA GRANDEUR et l'indépendance! Les bourgeois républicains et monarchistes, qui ne croient, eux, qu'à la banque, à la paix à tout prix, au cosmopolitisme (dont ils s'arrangeraient fort s'ils ne craignaient le socialisme), au cléricalisme, au commerce et aux salaires, n'en sont pas encore revenus. Expliquez donc à ces gens-là : *l'amour de la gloire*, l'amour *de la grandeur du pays*..., pas d'indignation mal placée ici..., ces gens ne comprennent pas, *voilà tout*. Et la France est peut-être en train de mourir de cette vérité. Elle a ouvert les portes toutes grandes à la foule des rues et à la foule des salons; ces gens parlent tous *la langue verte*, en politique et en religion, et on s'étonne. On en verra bien d'autres, si nous continuons ainsi. Le mal est que *notre noblesse* s'est claquemurée, par sottise, dans le catholicisme. Elle a cependant embrassé la Réforme autrefois, et elle a sous les yeux l'exemple de la noblesse anglaise! Mais elle a l'air de ne pas comprendre plus que M. Dimanche! *Si elle comprenait cependant un jour que le salut de la France est à ce prix!* Elle est déjà venue mourir héroïquement hier sous les plis du drapeau tricolore. Mais la question religieuse arrête tout, paralyse tout. Cette question que les finauds bourgeois républicains ou monarchistes affectent de ne pas compter, confits qu'ils sont dans un imbécile, stupide et sordide athéisme, elle domine tout..., ELLE EMPÊCHE TOUT..., et on la nie!!! *L'âme des États, la religion, s'est corrompue; la conscience des États* s'est corrompue à sa suite; et l'on s'étonne des désordres qui règnent, de la corruption et de la mauvaise foi. Mais regardez donc autour de vous, voyez donc avec qui vous consentez à vivre! Ne sentez-vous donc pas que c'est par la Réforme religieuse que vous arriverez à traiter la question sociale? De question sociale il n'y en a pas, si vous voulez être *équitables*, et lire *attentivement et hautement* l'Évangile, et adorer *Dieu en esprit et en vérité*, en rejetant loin, bien loin de vous, des pratiques honteuses et corruptrices inventées, la plupart, pour arracher le catholicisme à la Réforme, qui, malgré cela, l'étreint et l'étouffe. Et *la France! la France*, ce premier champion des chrétiens, serait le dernier champion de Rome? Non, cela ne peut être, cela ne sera pas. Nous retrouverons nos frontières morales, nous retournerons à Dieu; nous retrouverons nos frontières politiques, le Rhin, les Alpes et les Pyrénées; nous épurerons la religion et la politique. C'est à ce prix; ne le voyons-nous donc pas, la noblesse ne le voit-elle donc pas, que l'Angleterre a doublé bien des écueils! C'est à ce prix que nous rassurerons les autres nations : nous voyant *équitables et armés*, elles nous rendront nos frontières, lorsqu'elles nous verront *prêts sérieusement à la lutte, et sûrs de les reprendre*.

Le second empire ne fut presque qu'une lutte entre *Auguste* et l'*auguste assemblée* qui s'appelle l'Académie française, ce soi-disant hôpital de la rue de Poitiers! Ces temps ressemblèrent, en beaucoup de points, à une mystification bouffonne, comment les peindre?

Singulier pays que ce beau pays de France : les partis parlementaire et doctrinaire, et aussi une partie des républicains, effrayés des progrès du parti de la *panacée sociale*, quelque chose comme les millénaires, se jettent dans les bras d'un Bonaparte ; aussitôt ils poussent des cris de paon, parce que ce Bonaparte raffermit dans ses mains le pouvoir, prêt à tomber entre les mains de ce parti de la panacée : LA COMMUNE ET L'ATHÉISME ! Ils se déclarent tombés dans les mains de Tibère, de Caracalla, de Commode, de Néron et d'Héliogabale.

Mais nous marchons de prodige en prodige ! L'Empire, mal défendu par quelques courtisans idiots, qui viennent nous dire que Tibère, Caracalla, Commode, Néron et Héliogabale ne sont pas tout ce qu'un vain peuple pense, gouverne cependant avec assez de douceur, de bonté et de bonne grâce. *Il proclame même que l'Empire c'est la paix!* Les parlementaires frémissent d'aise à cet écho charmant du règne de Philippe. Le Napoléon de la paix... quels horizons ! Mais ils ne croient pas l'*Empire sur parole*....... Ils sont si fins, si déliés, si habiles, si spirituels, si pôôôlitiques ! Songez donc, le parti des pôôôlitiques. Académus......., moins Platon et la Grèce. Le parti si pur, dont une des fortes têtes a dit : « La langue a été donnée à l'homme pour dégui- « ser sa pensée, » ne croit pas facilement à grand'chose. Et puis, voyez, elles avaient raison, ces fines mouches parlementaires : l'Empire s'enferre jusqu'au cou dans la fameuse *entente cordiale*, il va en Crimée avec l'Angleterre, et amadoue, *à ce prix*, le monstre : PALMERSTON ! Les parlementaires en deviennent soucieux, maussades, inquiets sur le sort des petits de Philippe ! « Quel coquin que cet homme, nous l'avions bien dit : C'est Tibère, c'est Caracalla, c'est Commode, c'est Néron, c'est Héliogabale... Tacite, où est Tacite?..., hélas ! » Pas plus de Tacite que de Tibère et de Platon ! Et puis on sait se radoucir, pensez donc, le parti des pôôôlitiques. Les plus fins, les plus matois, saluent du bout des lèvres Néron du nom d'Auguste ; ils se consolent, disent-ils, de n'être rien, quand la France est tout en Europe. Le fait est que, finesse à part, ils devaient être un peu abasourdis de voir qu'on avait MUSELÉ PALMERSTON... (A quel prix, hélas!) Mais pour les parlementaires : L'ENTENTE CORDIALE, songez donc, la panacée du parlementarisme *maniée avec art* (on paraissait tout faire pour l'Angleterre, sans demander aucune compensation) : cela devait, malgré eux, les toucher, les pôôôlitiques. Décidément cet empereur est un sot, c'est un coquin, murmuraient-ils dans la plus profonde intimité (il faut de la prudence), c'est TOUT SON ONCLE. Quel tyran! Cette manière de jouer notre jeu, sous notre nez, à notre barbe, cela dépasse décidément tous les supplices. Oui, c'est Tibère, c'est......., c'est un polisson, c'est un drôle. Nous lui dirons son fait à..... l'Académie française, c'est décidément odieux, quelle tyrannie. L'Empire aussitôt donne un peu plus de liberté, se laisse décidément discuter. « Le drôle, le tyran, « il ne nous craint donc pas. Cet homme est *sinistre*, c'est un car- « bonaro, c'est un *conspirateur*. Peut-être bien qu'il se moque de « nous... Voyez cela, se moquer de nous, se moquer des doctri- « naires, des parlementaires!!! C'est Tibère, c'est.... Écrasons le « monstre, qu'il disparaisse sous nos épigrammes les plus acé- « rées. »

L'Empire donne décidément plus de liberté encore! Que dire et que faire? la situation devient décidément ridicule, de plus en plus ridicule, pour les pôôôlitiques! Mais, décidément, l'Empire n'en a cure : le carbonaro, le conspirateur, jette une armée au delà des Alpes, appelle l'Italie à l'indépendance et à la liberté, et lui montre *de près* ce drapeau tricolore, dont les doctrinaires, les parlementaires, les républicains, les humanitaires parlaient, parlaient à qui mieux mieux. Il fait la proclamation de Milan, il gagne les batailles de Magenta et de Solférino! Décidément les parlementaires étaient noyés, l'Académie et sa gloire disparaissaient dans le troisième dessous! Jours terribles! Faces effarées! Ah! vous ne lui pardonnerez jamais cela. Heureusement pour les parlementaires, l'Académie, les pôôôlitiques et leur clique, survint *la paix de Villafranca!* Cette paix décidait la victoire de l'Empire à..... l'Académie. Décidément ce n'était pas son oncle, il savait s'arrêter.... A TEMPS. « Quelle profondeur, mon cher collègue, qui « l'aurait cru? Aussi, cet homme qui ne parlait, parlait, parlait pas. « Il faut nous calmer désormais... tout en le surveillant toujours, « car, vous le savez, *nous ne pouvons servir deux maîtres!* Que di- « raient les petits de Philippe! Ah! il est grand cependant. « Cette paix de Villafranca, mon cher collègue, mais c'est du « Philippe cela..... et même du Philippe de Macédoine. Et puis « il n'est pas cruel, il n'aime pas la guerre, il est décidément « humanitaire comme nous, cet assassin. C'est un peu humiliant « pour nous, mon cher collègue. Mais attention à la manœuvre : « rien, on le verra, ne désarmera les parlementaires, les doctri- « naires, les humanitaires. Non, l'Italie ne se fera pas, nous ne « voulons pas qu'elle se fasse. Ce qui fait la puissance de la « France, chacun sait ça, c'est d'avoir à côté d'elle une Italie « faible et dépendante, dans laquelle puissent entrer *tour à tour* « les Autrichiens et les Français. Voilà de la pôôôlitique, mes « maîtres! »

L'Empire laissa l'Italie se faire, et les laissa bavarder, bavarder, bavarder. On publiait leurs discours, on les lisait, on les commentait; le beau temps de Philippe était revenu, on s'y serait cru, si ce n'avait été cette malheureuse Italie délivrée. « Décidément cet homme avait peut-être du bon : *Villafranca l'at-* « *teste*, mais *l'Italie délivrée par la France!* Vraiment on ne peut « comprendre cela. Nous parlions bien dans le temps de déployer « le drapeau tricolore sur les Alpes, mais ce sont là, *on le sait*, méta- « phores d'orateurs de l'opposition, pour arriver à un portefeuille. « Cet homme est idiot, c'est l'homme de Strasbourg, de Boulogne, « du coup d'État, c'est Boustrapa, c'est Badinguet. Il ne voit pas où « il va, le malheureux. Mais notre sainte mère l'Église, notre saint « père le Pape, mais la France est catholique, apostolique et ro-

« maine, chacun sait ça, cet homme a l'air de l'oublier. Il est donc « sans religion ! » disent ces adeptes de Talleyrand, ces prétendus philosophes, ces *dévots commodes* de l'Académie, où il n'y avait pas encore d'évêque fa tutto : orléaniste, buonapartiste, légitimiste et le reste, selon les besoins de la très-sainte cause de l'immaculée, du *Syllabus* et de l'infaillibilité papale.

Les plus gourmés s'animèrent sous la coupole de l'Institut, et cela se comprend de reste : n'avaient-ils pas dit dans leurs beaux jours parlementaires que toutes les fois que la France agissait au dehors, *elle agissait comme puissance catholique?* Ils furent appuyés *chaudement* en cela par les finauds voltairiens, leurs rivaux jadis, il est vrai, mais jamais en *ces questions profondes!* Ils étaient là tous *profondément d'accord*, les parlementaires, les doctrinaires. Ceux-ci étaient bien un peu protestants, mais si peu, si peu ; un peu jansénistes, mais les jansénistes, on le sait, ces hommes *déjà profonds*, étaient avec le pape, *malgré le pape*. Il faut voir Sainte-Beuve impatienté, dans son Port-Royal, par la profondeur du grand Arnaud se laisser emporter, voyez cela ? à dire : « Tranchons le mot : « C'ÉTAIT BÊTE !!! Quelle irrévérence, mon cher collègue, ce Sainte-« Beuve, vous savez qu'il *se sent assez forçat pour être sénateur*, et « qu'il a fait gras le *Vendredi saint*. Voilà bien un buonapartiste, « qui ignore sans doute, que n'ignorent-ils ? que le Christ a dit que « ce n'est pas ce QU'ON MANGE QUI NOUS SOUILLE. » Cette clameur de haro sur Sainte-Beuve décida presque de haute lutte *la fusion*. Oui, on fusionnera avec les légitimistes, ces flétris de Belgrave Square, mais sur la QUESTION PAPALE SEULEMENT.

Les habiles, les finauds voltairiens, se réservaient toujours pour les petits de Philippe. On vit donc, spectacle égayant, les avocats fougueux de la légitimité, ces héritiers du libéralisme conséquent de M. le vicomte de Chateaubriand, ces passionnés partisans des chouans et de la liberté de la presse, du *Génie du christianisme*, de l'immaculée conception, du *Syllabus* et de l'infaillibilité, se croiser (*oui, ce fut la dernière croisade!*), *prendre la croix*, et se croiser avec... HORRESCO REFERENS! se croiser... ô Torquemada! ô mon doux Jésus!.. se croiser avec les jansénistes, les voltairiens : tous braves gens qui s'étaient couverts autrefois de boue, mais qui se donnaient maintenant l'accolade en prenant la croix pour l'immaculée conception, le *Syllabus*, l'infaillibilité du pape et le reste. Ah ! ce fut un drôle de temps.

On vit aussi des républicains figurer dans ce carrousel, mais ils étaient encore timides et un peu aplatis, dans ce beau monde où ils débutaient.

Singulier pays que ce beau pays de France! On en semblait revenu aux beaux jours de la coalition, cette fois on se coalisait pour le pape. Oh ! monsieur Molé, où étiez-vous? Oui, vous, monsieur Molé, vous en auriez été, cette fois, de la coalition pour le pape, pour l'immaculée conception de *la mère de Dieu*, pour le *Syllabus*, pour l'infaillibilité du pape ! Et les finauds redoublaient de sérieux, ils étaient mornes, ils étaient tristes, ils étaient soucieux: ils pensaient aux petits de Philippe. « Si Victor-Emmanuel entre à « Rome, mon cher collègue, Rome est fichue ! Sire, vous vous « damnez comme un chien! » Ce fut un triste moment, car l'Empereur devant toutes ces fortes têtes assemblées, ahuries, parut craindre aussi la damnation éternelle ; il craignait d'être excommunié *cacando* comme *il re galantuomo*. Hélas ! ce fut le commencement de ses malheurs et des nôtres. Il y eut cependant des éclaircies, il voulut en revenir à la lettre écrite à M. Edgar Ney; mais non, il voulait après tout gouverner dans le sens des idées de la France; il voyait son expédition mal accueillie, mal comprise... *à l'Académie, cette auguste assemblée....* il eut *la bonté* de se laisser ébranler. Et puis l'opposition elle-même, les purs des purs, continuaient à le maudire, à le menacer, ce forban du 2 décembre. L'ami de Cavaignac, du grand, du noble, du vertueux Cavaignac, ne venait-il pas d'ailleurs de se croiser aussi avec tous les restes des gentilshommes de France et de Navarre; ne venaient-ils pas tous de se faire crosser aux champs de Castelfidardo!

Temps tristes! cette victoire, qui aurait dû plonger dans la joie l'Empereur, parut le plonger dans la mélancolie; il fut ébranlé. Les parlementaires, les doctrinaires, l'opposition à laquelle Tibère avait permis de rentrer, les légitimistes; les blancs, les bleus, les rouges, la France en un mot, tout était décidément contre lui.

Que faire? Il fut obsédé par son stupide entourage. Et puis ne fallait-il pas être *comme il faut : moins on avait fait les croisades*, plus il importait de se donner *l'air de les avoir faites*. Les profonds, les intimes, les dévoués, LES BONS CATHOLIQUES rêvèrent de l'inquisition, de l'Espagne, de Philippe II. N'y étaient-ils pas encouragés par l'Académie, par les docteurs, par les parleurs, par les voltairiens. Louis XVI et Marie-Antoinette devinrent à la mode. On dauba sur ce manant : *il re galantuomo*. Un galant homme fourvoyé dans ce monde-là, quelle épaisseur, quelle grossièreté? Qu'allait devenir le mysticisme, le parfait amour, les directeurs de conscience, les bons petits salons raffinés; et ces bons frères si purs, si purs, de la Doctrine chrétienne? Le vent tourna décidément; que faire? La France semblait après tout le vouloir.

La République n'était-elle pas aussi cléricale et catholique à l'Académie? On crut devoir devenir catholique aussi (*il est si facile d'être catholique*), et puis on cédait à l'opinion. Les parlementaires n'avaient-ils pas dit que l'opinion est la reine du monde. Et de fait, nous l'avons dit, on s'était arrangé de sorte qu'il n'y avait plus en présence que l'athéisme de la science et des penseurs, ou le Dieu de Rome, *et l'immaculée conception de sa mère*, le *Syllabus* et l'infaillibilité papale.

Quelqu'un qui eût voulu paraître bête à tous ces gens-là n'aurait eu qu'à leur parler de la Réforme. « D'où sortez-vous, grand « Dieu! Mais qui diable voyez-vous donc vouloir conclure à quel- « que chose? On parle pour parler, voilà tout, affaire de porte- « feuille. Nous sommes trop forts, beaucoup trop forts, pour

« pousser la plaisanterie plus loin, » aurait-on répondu à l'intrus indiscret qui aurait fait cette question.

« Nous convertirons ce carbonaro... » et, en effet, on le convertit. Il écrasa Garibaldi à Mentana, au lieu de laisser simplement Victor-Emmanuel entrer à Rome avant lui. Et on jura à la France ahurie, éblouie, stupide, éperdue, démanchée, que JAMAIS *la France* du suffrage universel, la France révolutionnaire, qui avait tant fait pour le pouvoir spirituel du Saint-Père (chacun sait ça), ne permettrait qu'on touchât à ce qui lui restait du pouvoir temporel. On compromit ainsi l'alliance italienne qui nous avait déjà rendu Nice et la Savoie; mais qu'importait vraiment cela, à tout ce beau monde qui travaillait pour son salut! *Jamais* l'Académie n'avait été à pareille fête.

La science, les penseurs protestèrent bien un peu, mais ils méprisaient si fort ces questions, que ce ne fut qu'un léger mouvement d'épaules. On devait savoir que la religion naturelle, *le devoir*, pouvaient parfaitement se passer de Dieu, de LA CONSCIENCE, tous ces *impedimenta* des vieux âges.

On allait, on allait toujours, ne voulant pas trop inquiéter l'Académie, les bourgeois et *les républicains*, qui avaient déjà vu d'un mauvais œil, *comme les Anglais*, l'annexion de Nice et de la Savoie. On se lança dans les expéditions lointaines qui avaient l'avantage, aux yeux de cette même Académie, de ces mêmes bourgeois et de ces mêmes républicains, de nous éloigner du Rhin, ce théâtre de nos *anciens préjugés!* La Chine, la Cochinchine, le Mexique... cela rappelait l'Afrique du bon Philippe... ce sont là de bons petits endroits bien éloignés du Rhin, cette manie *inconcevable*, et où s'écoulent et se fondent peu à peu l'*effectif et le matériel*, et aussi l'énergie qui nous manque un beau jour... comme au lendemain de Sadowa! Ce furent les Anglais, *nos bons amis de Crimée*, qui eurent l'art *de nous planter là sur les plages lointaines du Mexique*, après nous y avoir accompagnés, avec les soldats de l'innocente Isabelle, qui se hâtèrent de les imiter. Et ils nous laissèrent tous dans cette impasse où devaient s'épuiser nos arsenaux et nos finances, face à face avec les États-Unis, qui nous aimaient peu depuis que nous avions pactisé avec... *le Sud esclavagiste!* Mais on était heureux... ce n'était pas là de la politique de conquête au moins... nous n'inquiétions point l'Europe! Et puis le Mexique... c'était une mine d'or... une mine d'argent... *on y rêvait en songe.* Le cœur de la bourgeoisie palpitait.

Et pendant ce temps-là l'Italie, toujours reconnaissante, mais cependant inquiète des beaux discours des parlementaires, qui la maudissaient pour avoir l'abomination de songer à... *ses frontières et à sa capitale,* s'alliait avec la Prusse, qui avait aussi cette abomination de la désolation, et bientôt, grâce à la victoire de Sadowa, ce forban, *il re galantuomo,* portait en effet ses frontières *des Alpes à l'Adriatique.* L'empire eut l'honneur cependant d'offrir le fameux quadrilatère à Victor-Emmanuel, puisque c'est à lui que l'Autriche remit les clefs de l'Italie. C'était peut-être le moment de lui offrir aussi sa capitale... *Rome!* et de demander à la Prusse nos frontières : la *Belgique et le Rhin...* « *La Belgique!!!* » s'écriaient les académiciens parlementaires, blanchis dans le patriotisme de 1815, de 1830 et de 1848... « *la Belgique!* Savez-vous ce « que je dirais à mon pays? Je lui dirais : *Ne pensez pas à la Belgique.* « Savez-vous que j'ai déploré l'annexion de Nice et de la Savoie. « Si mon pays voulait conquérir le Rhin, je le supplierais de ne « pas céder à un sentiment d'*avidité.* (Très-bien, très-bien, disait « alors la Chambre.) *Ne pensez pas au Rhin.* Ne pensez pas à nos « frontières. » Et puis on exaltait la politique de Louis XIV, au détriment de celle de la première République, qu'on appelait une politique intéressée. Sans doute qu'on trouvait celle *de Louis XIV désintéressée!* Et tous ces *savez-vous,* à la longue, ne poussaient personne à celui-ci : « *Savez-vous bien ce que vous dites?* » Et c'est ainsi que la France menait sa politique; elle écoutait toutes ces belles choses dans l'extase; ELLE N'ARMAIT PAS, *elle admirait ces phrases vides...* On se réservait de crier : à Berlin, à Berlin, AU DERNIER MOMENT!!!

Mais l'Empire aussi, malheureusement, admirait *ce pathos!* Ébloui, il n'armait pas, mais il donnait plus de liberté... *pour le mettre par terre.* Et ce fut un beau jour que celui où les hommes d'État, prodiges de 1848, la fleur des pois des fameux cinq, dirigés, inspirés, soufflés par Benjamin Constant, *Guichardin* et Paruta, manœuvrèrent si bien, si habilement, que non-seulement on eut mieux que l'acte additionnel aux constitutions de l'empire, mais qu'on eut la liberté pleine, entière et complète de dire toutes les belles choses... *spirituelles* qui passaient par la tête de tout ce beau monde. Tellement que le plus spirituel de tous ces gens si spirituels, auquel on demandait, en manière de plaisanterie, *rien de plus,* à quoi il voulait conclure (*vous sentez bien que personne n'était assez bête et assez lourd pour s'en informer pour de bon*), répondait : « C'est bien « aisé, il ne faut pour cela qu'un décret, le voici : « Il n'y a plus « rien, personne n'est chargé d'appliquer le présent décret. » Et l'on riait, et l'on riait à se tordre.

Et l'ennemi *armait*, *armait,* et solide, et grave, pensant qu'il *allait combattre la France*, et qu'il n'en serait pas trop de toute l'énergie de son âme ; il répétait à tous les enfants de l'Allemagne ce refrain, que nous n'avons que trop entendu : « *Die wacht* « *am Rhein!* » LA GARDE SUR LE RHIN !!!

Était-ce drôle, en effet. Il y avait bien quelques gens moins gais, qui auraient voulu qu'on se préparât à la guerre, et qui étaient *sûrs de la victoire*, si on voulait Y PENSER ! Mais bah ! ils étaient des buonapartistes; il fallait être buonapartiste, espion, mouchard, que sais-je, pour penser à la guerre ! La guerre ! mais c'était chose bonne pour l'Italie, pour la Prusse, *nations jeunes*, nous disaient les vieux parlementaires ! Et nous, LES JEUNES VIEUX, nous écoutions tout cela bouche béante, et les *très-bien*, *très-bien*, *très-bien*, retentissaient à la Chambre, comme à l'Académie.

Les vieux routiers parlementaires étaient contents, ils se rengorgeaient; ils parlaient, ils parlaient, ils parlaient. Ils disaient :

« Si nous avions voulu être aux affaires, nous l'aurions pu, *nous* « *ne l'avons pas voulu.* Il nous suffit de voir nos idées siéger sur ces « bancs. » Et ils montraient le banc des ministres. Et *croisés fidèles, et révolutionnaires fidèles*, ils pensaient au pape infaillible, à la liberté, aux petits de Philippe, à l'Immaculée Conception de la mère de Dieu, et au *Syllabus.* (*Très-bien, très-bien, très-bien.*) Et ils continuaient toujours leur rôle de conseillers et d'inspirateurs, et enfin les hommes d'État, prodiges de 1848, la fleur des pois des fameux cinq, manœuvraient si bien, si bien derechef, sous leur heureuse inspiration, qu'ils parvenaient enfin à jeter définitivement l'Italie dans les bras de la Prusse, en refusant définitivement, par piété profonde, autant que par habileté profonde sans doute, à Victor-Emmanuel, *déjà maître de l'Italie*, l'entrée de Rome proclamée capitale de l'Italie par le parlement italien, à la voix du grand Cavour, et cela malgré ces sages paroles contenues dans les lettres de l'Empereur à Victor-Emmanuel : « Les Italiens sont les meil- « leurs juges de ce qui leur convient, et ce n'est pas à moi, issu « de l'élection populaire, de prétendre peser sur les décisions « d'un peuple libre. »

Mais il s'agissait bien de Cavour, vraiment, cet homme qui avait donné à la France ses frontières des Alpes, en échange de la délivrance de son pays. Les pôôôlitiques méprisaient *cette politique.* Ils voulaient mieux que cela, ils aspiraient à mieux. Ils commençaient, *par piété*, à lier indissolublement l'Italie et la Prusse. C'était quelque chose déjà. Ma foi alors tant pis! *C'était si beau, si beau, qu'ils se rallièrent à l'Empire!!!* Foin des petits de Philippe, on avait trouvé aussi habile qu'eux. On se rua sur les places, ce fut le mot d'ordre. On craignait pour les frontières du Nord et de l'Est. On devait tout craindre d'un Napoléon. Il fallait à tout prix *enrayer.* Songez donc ! si la France, qui avait déjà ses frontières des Alpes, la Savoie et Nice, allait avoir aussi ses frontières du Nord et de l'Est, la Belgique et le Rhin ! Saints du paradis ! on vit les républicains, les henriquinquistes, les orléanistes, les parlementaires, les doctrinaires se cramponner à la gloire! On convoqua le ban et l'arrière-ban de l'opposition : la rouge, l'humanitaire, la cléricale, l'Internationale. Il semble qu'on se serait donné au diable pour empêcher la France d'avoir ses frontières! Pas de guerre, pas de subsides, pas de soldats, pas de frontières! Ce ne fut qu'un cri unanime. *Ce fut la ligue de la paix!* L'opposition, l'opposition radicale, jadis si emportée sur ces questions, fut ici la plus calme; son chef, M. Jules Favre, osa même à la chambre parler d'une politique d'*épanchement et d'abandon avec la Prusse* (*textuel et inouï*). On devint stupide, STUPIDE A MOURIR; ce fut une rage, une passion. On démoralisa l'opinion, on la fit passer du blanc au noir sur ces questions, qui naguère servaient de levain contre Louis-Philippe à tous ces piliers des différents gouvernements provisoires, qui se sont succédé depuis son glorieux règne. N'avait-on pas un Napoléon qui venait de rendre à la France la Savoie et Nice? Il fallait à tout prix changer de tactique. On en changea, car on s'allia aux orléanistes et on *dépassa leur bassesse sur ces questions!*

Aux élections, le mot d'ordre était de vous tâter sur la question des frontières. Les candidats *bons à prendre* devaient répondre invariablement comme MM. Jules Ferry et Picard, *les ambassadeurs de la république du jour*, que ces questions avaient fait leur temps. Ce fut admirable d'entrain. Le pays, le malheureux pays, qui y pensait? Il fallait avant tout contrecarrer l'Empereur, *qui cachait sans doute son jeu*, *le monstre*, et qui voulait sans doute nos frontières du Rhin, comme il avait déjà voulu celles des Alpes, le drôle! Il s'agissait vraiment bien de frontières pour tout ce monde-là. Les idées, les idées, messieurs, mesdames! voilà la vraie conquête. Les frontières... vieux préjugés qui ont fait leur temps... *Voyez plutôt l'Italie, voyez la Prusse!* Être vaincu... on est vainqueur. M. Garnier-Pagès, un de ces piliers des gouvernements provisoires qui nous tuent, ne daignait-il pas un jour nous expliquer à la Chambre que Waterloo avait fait notre bonheur, et que nous serions bien plus *heureux encore* si nous avions été battus à Solférino (textuel et inouï). Toutes ces belles choses devaient nous mener loin. On ne sait que trop, hélas! la triste fin de tout cela. Nous fûmes battus, nous perdîmes l'Alsace et la Lorraine.

VIII

Sachons-le dire bien haut : l'Empire a eu raison de déclarer la guerre à la Prusse, c'est à la fois sa gloire et son malheur! Seulement il devait le faire plus tôt et se mieux préparer à une guerre qu'il devait savoir, qu'il savait inévitable. Oui, l'Empire a déclaré cette guerre *trop tard*. Il a trop fait pour s'attirer les sympathies du cléricalisme bourgeois, républicain et légitimiste. Il s'est trop laissé convertir aux basses doctrines de l'orléanisme et du républicanisme de 1848, les belles doctrines de la paix à tout prix! Nous pouvons aujourd'hui considérer leur ouvrage sur les ruines de la patrie! L'Empire devait-il se laisser aller ainsi au courant *républicain-clérical-légitimiste-orléaniste-bourgeois;* ce courant vil, qui semblait lui offrir la puissance, en en désertant comme à plaisir, par stupidité peut-être (mais qu'importe), les premières conditions : la grandeur et la force du pays. Et puis pouvait-il, lui, NAPOLÉON-BONAPARTE, arrêter le courant fatal qui devait jeter la France sur le Rhin! Non : d'ailleurs, il ne le voulait pas. Que disait-il à Auxerre? Il n'a qu'une justification, et elle doit être bien triste pour l'homme qui avait su dire à la Chambre des pairs que ce qui faisait sa force, c'était de représenter une défaite : Waterloo! C'est que tous ceux que la France *est convenue d'appeler ses hommes d'État* étaient aussi opposés à cette guerre qu'ils étaient plongés dans le catholicisme!... *Les affaires furent comme abandonnées à leur propre poids*. Et on se réveilla un jour comme en sursaut, et Napoléon n'était pas prêt! On s'était aux trois quarts laissé convaincre. *On croyait donc sincèrement pouvoir éviter cette guerre???* O Sully, ô Richelieu, ô Mazarin, ô Bonaparte... voilà ce qu'on a fait de votre France!!! La politique et le bon sens en semblent bannis.

Vous seriez-vous donc à ce point, en plein dix-neuvième siècle, passionnés pour le *Syllabus* et l'abstention, entre l'Italie délivrée par nous, et la Prusse qui nous avait déjà donné la mesure de ses prétentions en 1815? «Pas d'alliés! une guerre sans alliés est im-« possible,» nous crient les vieux parlementaires et les vieux doctrinaires, dont la dévotion bien connue s'est passionnée pour le *Syllabus*, et nous a brouillés à ce propos avec cette Italie, notre alliée... qu'aujourd'hui *ils saluent...* comme ils saluent toujours *le fait accompli...* ces eunuques qui ne peuvent *rien faire naître, rien créer par eux-mêmes. Et la France s'adresse toujours à ces gens-là.* Et elle, la nation héroïque, n'est jamais représentée que par de prétendus vieux hommes d'Etat, qui pleurent comme de vieilles bornes-fontaines!!! Nous semblons vraiment errer ivres dans la nuit noire.

L'armée française, écrasée par le nombre, mal préparée, mal conduite, ne pouvant vaincre pour la patrie, mourut du moins, après des élans héroïques, dignes de ses aïeux; en sauvant ce qui, avec la patrie, lui était le plus cher : l'honneur, son dernier bien! Elle alla ensuite s'engouffrer dans Sedan! L'Empereur, *qui lui au moins était au danger*, ne voulut pas pousser plus loin le massacre. *Il amena le drapeau de la France!* Ce drapeau qu'il avait su mener à la victoire à Magenta, à Solférino. . . . .

Nous qui l'avons tous maudit, ne l'insultons pas à cause de cela. France héroïque, inconséquente et légère, nous en avons perdu le droit! Pleurons la patrie, *humilions-nous devant le destin d'un jour;* PRÉPARONS-NOUS, n'insultons pas! Ne nous insultons pas nous-mêmes dans l'élu du champ de Mai! Songeons à la victoire de demain! Dans l'air plus doux j'entends battre ses ailes!!!

La France cependant ne voulut pas accepter sa défaite, elle lui sembla un rêve. Elle, la FRANCE, tomber en un jour, si vite et si bas!... et avec une aussi belle armée, victorieuse partout, en Russie, en Italie... Elle ne pouvait le croire, elle ne le voulut pas. Elle se redressa, elle défia le sort. Oui, elle devait l'essayer... C'était la France encore, et elle sentait bien qu'elle n'était pas morte... qu'elle ne pouvait mourir ainsi! D'ailleurs la garde était à Metz, la garde, élite d'une armée de héros! La France reprit son souffle. Paris se leva! Mais *les chefs*, *les chefs*, *les chefs*, manquaient toujours. Ceux qui ont assisté à la revue de la garde nationale de Paris ont pu sentir quel parti un chef comme Bonaparte aurait pu tirer de pareils éléments, lui dont la grande âme ardente et passionnée brûlait d'un amour exalté de la gloire!!

Metz amena son drapeau! *Metz espoir suprême et suprême pensée!* Un vétéran mutilé à Leipsick, lui aussi maréchal de France, nous restait pour juger cette horrible infamie : RENDRE LA GARDE SANS AVOIR COMBATTU ! On dit qu'il s'étonne, ce vétéran d'un autre âge, de voir encore vivant celui par qui la garde s'est rendue, après l'avoir privée à dessein d'un général dont l'emportement eut été redoutable; celui qui a livré à la Prusse avec Metz : 153 drapeaux, 150,000 hommes prêts à combattre, 541 canons, 300,000 fusils! cet homme qui trompa son armée en lui promettant qu'elle devait sortir avec armes et bagages, et avec les honneurs de la guerre; cet homme qui considéra comme *insignifiante* la proposition du prince Charles de faire sortir au moins un bataillon avec armes et bagages, drapeau déployé, tambours en tête, et se dirigeant à travers la France sur l'Algérie, comme dernier hommage à cette héroïque armée, livrée sans combattre, et qui cependant avait assez montré à Borny, à Mars-la-Tour, à Rezonville, à St-Privat, à Gravelotte et Peltre ce qu'elle aurait pu faire encore en d'autres mains. Et ce nouveau coup cependant n'acheva pas la France! La douleur sembla attaquer sa raison : sans armée, elle voulut combattre une armée innombrable qui venait sur elle, fière d'avoir pu enlever la première armée de la terre! Paris, la France sentaient qu'ils auraient pu vaincre en d'autres mains. Mais de stupides doctrines semblaient avoir paralysé l'âme de ses généraux et de ses chefs de partis. En effet, ceux qui avaient tout fait pour glacer son audace, pour glacer son courage, que pouvaient-ils pour la sauver? Elle était tombée aux mains de généraux et de chefs parlementaires, fils des parlementaires de 1815.

Paris, la France ne voulaient cependant pas se rendre, ils attendaient *un sauveur!* tandis que les chefs parlementaires murmuraient entre eux : « *Surtout pas de sauveur!* » Les généraux et les chefs parlementaires, et l'ennemi, eurent enfin raison d'elle avec la faim. Les vieux restes de 1848 purent donc rendre cette France, qu'ils n'avaient d'ailleurs jamais voulu que rendre... en *lui laissant toutefois la République...* mais à qui on n'avait pas osé parler tout de suite de cette (comment dirai-je!) COMPENSATION! Ils n'avaient jamais voulu que rester à tout prix à sa tête, ne craignant *qu'un sauveur*, qui serait venu démasquer une insuffisance aussi honteuse que les viles passions qui l'inspiraient. Et encore, dernier et puissant effort de cette France aux abois, de cette France affamée, de ce Paris séparé pendant cinq mois du reste de la terre, on ne put rendre ni Paris, ni ses défenseurs tout entiers. Il fallut laisser à la garde nationale ses armes, qu'on aurait bien voulu *pouvoir* rendre aussi. On fut même obligé de dire à M. le prince de Bismarck qui insistait : « Si vous y tenez tant, *venez les prendre;* nous, nous ne pouvons vous les livrer. » (Car ils avaient toujours été les valets de cette ville, *et contents de cela*, *et fiers de cela*, ils n'en avaient jamais été les maîtres.) On parqua ensuite l'armée ennemie victorieuse dans un quartier éloigné de cette ville dont elle venait *sensément* de s'emparer, au milieu de cette garde nationale attentive, jalouse et armée jusqu'aux dents. *Ce fut la dernière victoire de l'ennemi!*

Et pourtant Paris en devint fou... La France ne put supporter sa défaite; des passions insensées, comprimées par la lutte, se déchaînèrent. Les partis se rejetèrent réciproquement la responsabilité de la défaite. On osa même accuser cette armée qui, austère comme le devoir, était morte en silence aux avant-postes ; on avait perdu la tête, on l'insulta. Était-elle donc responsable de ses chefs capitulards et parlementaires? elle qui était toujours morte, lorsqu'on le lui avait demandé. Les esprits exaltés, énervés par la tension morale et physique de ce siége unique de sept mois d'une population d'un million d'âmes, s'aigrirent et s'envenimèrent d'autant plus facilement, que pour la plupart de ces esprits illuminés ce mot *République* avait été comme l'idée d'un mirage, savamment entretenue par les habiles du parti du peuple. La réalité sembla une duperie à toutes ces pauvres dupes de quelques ambitieux, peut-être plus incapables, plus lâches, plus timides et plus vils encore que méchants. La bourgeoisie, qui avait ressaisi la direction des choses, y fit sentir aussitôt son âpreté pour le gain. Elle ne sembla tenir compte de rien, elle ne se souciait en effet que d'une reprise *immédiate* de ce qu'elle appelle les affaires. Elle n'avait jamais rien pu voir au delà. Cette situation forcée acheva de tout compromettre.

Ce fut le signal de l'insurrection du peuple de Paris. Il débuta par égorger deux généraux. Ces assassinats atroces portèrent toutes les passions, déjà si surexcitées, au paroxysme de la rage. On se fusille, on s'extermine sans pitié. Le 5 avril, la Commune de Paris promulgue la loi des ôtages; le lendemain, le ministre de la justice présente à l'Assemblée nationale, à Versailles, un projet de loi, pour abréger les formalités des conseils de guerre! C'était bien la guerre civile dans toute son horreur : œil pour œil et dent pour dent. Était-ce la fin de la nationalité française? L'ennemi qui était encore autour de Paris put voir, soucieux, à quel prix la France était vaincue! Paris fut enfin emporté par notre malheureuse armée qui rentrait tous les jours d'Allemagne. Et cette armée, qui avait à peine pu combattre l'ennemi, dut emporter d'assaut Paris et ses forts, sous les yeux de la Prusse qui n'avait jamais osé penser à y entrer de vive force.

Ce fut un spectacle épouvantable et unique dans l'histoire des nations. Jetons un voile sur ce qui se passa dans la ville. Si nous ne pouvons supprimer le souvenir de pareilles horreurs, au moins ne le réveillons pas! Cette population à laquelle on parlait depuis cinq mois d'imiter Numance, Sagonte, Jérusalem, Saragosse et Moscou, et de mettre le feu à la ville plutôt que de capituler, fit sans hésiter ce qu'elle aurait fait plutôt que de se rendre à l'ennemi. Elle voulut même se faire sauter! et les horreurs que nous avons vues ne sont peut-être rien à côté de celles que nous aurions pu voir. L'armée, bafouée dans ce qu'elle a de plus cher et de plus sensible, *son patriotisme*, *son honneur militaire*; l'armée française *accusée de lâcheté* et aigrie, énervée aussi par les mille souffrances physiques et morales du siége, de la reddition et de la captivité, passa sur cette ville comme le typhon!.. Nous étions retombés en plein XVIe siéle, aux jours de fer de nos annales!

Que devenaient tous ces rêves décevants, malsains, de cosmopolitisme et *d'humanité?* Ils semblaient s'écrouler au milieu des horribles imprécations d'un peuple athée, qui nous faisait assister aux scènes des misérables peuplades cannibales de l'intérieur de l'Afrique.

IX

Le moral d'un peuple où se passent de pareilles choses est bien malade, et ce n'est pas par d'impures et hypocrites hommages à la Divinité qu'il retrouvera son assiette. Oui, ce n'est que trop le moment de prêcher aux hommes l'Évangile du Christ. Mais si l'on veut que ce prêche soit efficace, il faut en bannir une abrutissante superstition, qui fait prendre la religion en horreur à ceux-là mêmes qui la comprendraient peut-être le mieux. Il faut comprendre que le temps du jésuitisme et de l'athéisme est passé. Le jésuitisme n'a pas défendu Rome... *il l'a précipitée :* qu'elle le comprenne donc! Déjà ne voyons-nous pas protester des ministres catholiques? Hier, le père Hyacinthe; aujourd'hui, les abbés Michaud, Mouls, Junka se lèvent et protestent, à leur tour, contre le joug abrutissant et honteux de la Rome papale.

Ils semblent tous suivre le plan de conduite tracé par le chanoine Dollinger, ce savant et honnête compatriote de Luther, qu'il ne veut pas imiter, dit-il, pour rester dans le catholicisme, et le contraindre ainsi *à se réformer lui-même.* Aujourd'hui c'est, *sans aucun doute*, l'œuvre la plus pressante à entreprendre; chaque heure qui s'écoule creuse le gouffre de l'athéisme où nous péririons tous, si nous ne savons repousser, refouler les abominables espérances que les scènes de carnage auxquelles nous venons d'assister ont données aux verts et familiers inquisiteurs, qui osaient encore promener parmi nous, comme un défi, leurs infâmes doctrines. Ils sont malheureusement secondés par la stupidité honteuse de ce parti issu de Proudhon : le parti de la science et des penseurs de nos jours, qui vont proclamant partout un athéisme abrutissant et imbécile. De son côté, la haute bourgeoisie a cru *faire de l'ordre* en *restant dans le catholicisme*, en s'appuyant même sur lui ; ELLE S'EST TROMPÉE. On ne fonde pas l'ordre sur une chose frauduleuse, déshonorée par tous les grands penseurs du monde et de la France ; on ne s'appuie pas sur une chose qu'on SAIT POURRIE ! IL FAUT UN APPUI SOLIDE ET SAIN. Aux temps nouveaux et progressifs il faut des choses nouvelles et progressives, mais sagement progressives et nouvelles. Il faut surtout une religion honnête et loyale, qui *permette, admette* et *comprenne* la philosophie.

Cette religion existe, la haute bourgeoisie ne peut arguer de son ignorance ; elle la connaît, cette religion : c'est le protestantisme, qui n'est que la *réforme du catholicisme.* Elle sait combien nous aurions évité de malheurs si nos pères avaient su embrasser cette religion au XVIe siècle. Elle a sous ses yeux l'exemple de l'Angleterre, de l'Amérique, de l'Allemagne, de la Hollande, de la Suède, de la Suisse.

La religion réformée, c'était la vraie religion du tiers-état, un peu rude, un peu sévère peut-être; mais poussant les hommes à la probité, à la simplicité, à la moralité, à la liberté, à l'indépendance, à la force, à la solidarité par le Christ, vivant de l'Évangile dont elle s'applique à développer LA DOCTRINE, laissant de côté le dogme et la superstition, qu'elle *n'exploite* pas HONTEUSEMENT, comme le catholicisme.

Tout ceci est la vérité, *la vérité simple; la haute bourgeoisie le sait bien.* Avec la réforme, avec le protestantisme, on aurait un clergé marié, moral autant qu'on peut l'être sur terre. L'homme, pas plus que la femme, ne peut vivre seul; Dieu ne l'a pas créé à cette fin. La terre doit être peuplée, et la Bible nous dit, dans son magnifique langage, que Dieu a dit à toutes les créatures, après les avoir tirées du néant : « Croissez et multipliez. » La Bible dit aussi : « *Il n'est pas bon que l'homme soit seul...* » Toutes ces questions sont jugées aujourd'hui pour les esprits sains. D'où vient donc qu'on ne fait *rien, mais rien*, pour arriver à leur application *douce*, même lente, à la religion? Non, on aime mieux voir s'envenimer et se passionner tous les jours les questions, que d'aller *au simple pour essayer de les neutraliser et de les résoudre.*

Les uns, voyant le pape donner sa bénédiction *urbi et orbi*, entouré du général des jésuites et du général des dominicains, s'en vont proclamant qu'il n'y a point de Dieu. Ils vont même plus loin, ils massacrent abominablement les jésuites et les dominicains! Ont-ils donc tout à fait la *responsabilité de leurs actes infâmes*, lorsqu'ils voient les autres, justement effrayés de ces blasphèmes et de ces horreurs, ne rien trouver de mieux, pour les combattre, que de se jeter hypocritement dans les bras de ces mêmes jésuites et de ces mêmes dominicains : *honte et effroi de l'histoire du genre humain!* La haute bourgeoisie qui sait toutes ces choses, et qui ne peut arguer de son ignorance, ne fera-t-elle rien pour les résoudre? Elle a l'aisance, la liberté, l'indépendance : qu'attend-elle pour agir? Est-elle donc inféodée *par pure vanité* aussi à la religion des gentilshommes? Mais cela serait trop amèrement ridicule pour le croire?

Quoi! le tiers, qui a fait la révolution, ne saurait, ne voudrait pas l'*endiguer* dans une religion sage et philosophique, sous des prétextes bons pour de vaniteux gentilshommes qui, eux au moins, ont fait les croisades, et aiment à se rappeler que les plus illustres d'entre eux font dater de là l'origine de *ces oripeaux* qu'ils appellent *leurs armes!!!* Quoi! le tiers ne saurait donc pas *couper le câble* qui le retient encore attaché à l'ancienne société. Il ne comprendrait pas, lui qui a fait la révolution de 89, que cette question est capitale, qu'il ne peut marcher, lui révolutionnaire, *quoiqu'il en veuille*, avec cette religion des gentilshommes, et que c'est cette question qui à chaque instant complique tout, défigure tout, fausse tout, oui, *fausse tout!...* Car la fausseté, voilà son véritable élément, le jésuitisme en un mot; et *le jésuitisme*, aujourd'hui, n'est-ce pas tout ce qui reste du catholicisme? Qu'est-ce que c'est que le dogme de l'Immaculée Conception de la mère de Dieu? Qu'est-ce que c'est que le *Syllabus?* Qu'est-ce que c'est que l'Infaillibilité du pape, proclamée au grand jour du dix-neuvième siècle? Ce sont œuvres de jésuites, exploitant toujours la stupidité et la superstition humaines.

Le tiers, qui a su secouer le joug de ses *rois-dieux*, ne saura-t-il donc pas secouer le joug des inspirateurs de ces rois-dieux??? Les réformés cependant ont rendu la tâche simple et facile au tiers, ils ont éclairé et on peut dire délivré le monde *à la lueur de leurs bûchers;* c'est depuis qu'ils sont morts pour notre affranchissement que nous sommes libres, et que nous pouvons traiter ces questions, *sans qu'il y aille pour nous de la vie;* nous l'oublions vraiment trop!

Mais non, nous savons tout cela; ce n'est que l'empire du préjugé et de la vanité qui nous retient. Nous avons su mettre de côté toutes les misères de nos pères : l'honneur, la gloire, le patriotisme ; et cependant nous nous arrêtons à la chose la plus importante : à la religion! Nous n'osons pas en changer. Vanité, scrupule, préjugé; nous sommes ici dupes des niais dictons de notre stupide enfance du moyen âge. *On ne change pas la foi de ses pères*, s'écrient de bons gros hommes graves et moraux (il faut voir comme)! On écoute cela et on demeure convaincu. D'ailleurs que *dirait la portière?* Ceci c'est la vraie question, et... comble de bêtise!... la portière reconnaissante, *à demi communarde*, APPROUVERAIT ET IMITERAIT !

Cette grande question de l'*instruction laïque* s'évanouirait aussitôt. Car si on voyait les frères de la doctrine chrétienne épouser les petites sœurs des pauvres, la question tomberait. Ce qui passionne cette question, disons-le bien haut, c'est l'apparition incessante des frères de la doctrine chrétienne devant les tribunaux correctionnels, et *cela partout.* En Belgique, où le catholicisme *brille de mille manières*, on a fait *un relevé* de ces comparutions, il est vraiment effrayant. On a osé dire à la Chambre que les instituteurs des écoles laïques de Lyon avaient attenté à la pudeur de l'enfance! Vraiment le moment était bien malheureux pour parler de la *pudeur de l'enfance*, à propos de l'instruction laïque : n'était-ce pas aller au-devant de cette *simple et vraie réponse* : « C'est surtout par respect pour *la pudeur de l'en-* « *fance du peuple* que cette question est née, et que nous voyons « partout les conseils municipaux, composés de calmes et hon- « nêtes pères de famille, remplacer partout les malheureux frères « (*je dis malheureux!*) *et les sœurs*, par des instituteurs *laïques* « *mariés et moraux!* »

Mais enfin, il faut en convenir, la bourgeoisie, encore qu'elle soit inconséquente avec son œuvre de 1789, pourrait répondre que depuis lors elle se tient coi; qu'elle ne prêche point de réforme; qu'elle est effrayée, consternée de ce qu'elle a vu; qu'elle est démoralisée et qu'elle ne croit plus qu'au lucre, au gain et à la jouissance. Je lui en tiendrais compte, ce serait franc. Et elle a quelquefois cette franchise... elle est, pourrait-on dire, à l'état *de communard doux et couard.*

La bourgeoisie comprit-elle bien d'ailleurs ce qu'on entendait, en 1789, par *liberté de conscience?* et le lui avait-on indiqué, lorsqu'on proclama chez elle cette soi-disant liberté de conscience?

Prenons Voltaire, lui qui résume si bien toutes les qualités et les défauts de la France. Doué du plus puissant génie de la satire que jamais homme ait possédé, il appliqua ce génie à détruire le catholicisme. Mais comme emporté, comme enivré par la puissance même de ce génie, il sembla vouloir faire expier à la religion même les vices infâmes de ce catholicisme qu'il détruisait à jamais; bien qu'il n'ait pas réussi, dit Parker, à faire honte à tous les prêtres de leurs révoltantes images de la Divinité. Et cependant il disait : « La religion naturelle est *le commencement du* « *christianisme,* et *le vrai christianisme est la religion naturelle perfec-* « *tionnée.* » Ce qui ne l'empêchait nullement d'ajouter, et c'est pour cela qu'il est Voltaire : « Le nom de catholique signifie *uni-* « *versel;* ce nom leur suffit pour persuader aux idiots qu'on doit « dans tout l'univers croire à leurs dogmes, et se soumettre à « leur pouvoir; ces dogmes sont le comble de la démence, et ils « disent que c'est précisément ce qui convient au genre humain. « Non-seulement ils annoncent trois dieux qui n'en font qu'un, « mais ils disent qu'un de ces dieux a été pendu. Ils prétendent « le ressusciter tous les jours par des paroles (la messe), et le « mettent dans un morceau de pain (l'hostie); ils le mangent et « le rendent avec les autres excréments. C'est à cette doctrine « qu'ils veulent que tous les hommes se soumettent; et *quand ils* « *sont les plus forts,* ils font mourir dans les tourments tous ceux « qui osent opposer *leur raison* à cet excès de folie. » Il dit aussi : « Aucune des sociétés antiques ne connut cette effrayante cou-

« tume de se lier par serment au genre de vie qu'elles embras-
« saient; de se donner des chaînes perpétuelles; de se dépouiller
« religieusement de la nature humaine dont le premier caractère
« est la liberté; de faire enfin ce que nous appelons des vœux.
« Ce fut saint Basile qui le premier imagina ces vœux, ce ser-
« ment de l'esclavage. *Il introduisit un nouveau fléau sur la terre,*
« et *il tourna en poison ce qui avait été inventé comme remède...* » Il dit aussi : « Une moitié de l'Europe anathématise l'autre au sujet
« de l'Eucharistie; et le sang a coulé des rivages de la mer Balti-
« que au pied des Pyrénées, pendant près de deux cents ans,
« pour un mot qui signifie *douce charité.* » Et encore : « Prêtres
« idiots et cruels! à qui ordonnez-vous le carême? Est-ce aux ri-
« ches? Ils se gardent bien de l'observer. Est-ce aux pauvres? Ils
« font le carême toute l'année. Le malheureux cultivateur ne
« mange presque jamais de viande, et n'a pas de quoi acheter du
« poisson. Fous que vous êtes, quand corrigerez-vous vos lois
« absurdes? » Il disait aussi : « S'il y a des athées, à qui doit-on
« s'en prendre, sinon aux tyrans mercenaires des âmes qui, en
« nous révoltant contre les fourberies, forcent quelques esprits
« faibles à nier le Dieu que ces monstres déshonorent? » Il disait en parlant du clergé catholique : « On verra qu'il n'appartient
« *pas plus à un Italien de se mêler de ce que fait un Français, qu'il*
« *n'appartient à ce Français de prescrire à cet Italien ce qu'il doit*
« *penser*. On sentira l'énorme et dangereux ridicule d'avoir dans
« un état un corps considérable de citoyens dépendant *d'un*
« *maître étranger*. Ce corps comprendra lui-même qu'*il serait plus*
« *honoré, plus cher à la nation*, si, réclamant son indépendance
« naturelle, il cessait d'employer à ses dépens une espèce de si-
« monie pour se rendre esclave. *Il se fortifiera dans cette idée sage*
« *et noble par l'exemple d'une île voisine. Alors vous ferez servir votre*
« *influence et votre pouvoir à briser les liens dont la nation s'indigne.* »

Lui qui avait su dire : « On est tenté de se faire débaptiser,
« quand on lit les massacres de l'Irlande, de la Saint-Barthélemy

« et l'histoire de Calas; on aurait du moins *grande raison de se dé-* « *catholiser.* » Lui à qui d'Alembert écrivait : « Le plus beau jour « de ma vie sera celui où l'on rappellera les protestants, et *où le* « *catholicisme supprimera la confession* et mariera son clergé. » Lui qui étendant la main pour bénir le petit-fils de Franklin s'écriait : « *Dieu et la liberté!* » Lui qui disait : « S'il fallait que ma reli- « gion me rendît farouche, dur et impitoyable, je l'abandon- « nerais, et je dirais à Dieu, dans la fatale alternative d'être « incrédule ou méchant : *je fais le choix qui t'offense le moins;* » IL NE SUT PAS CONCLURE, il ne sut pas se faire disciple de cette religion dont nous venons de le voir accepter tous les préceptes; il ne sut pas embrasser la Réforme, cette Réforme dont Jean-Jacques Rousseau disait, en finissant la profession de foi du Vicaire savoyard : « Retournez dans votre patrie, reprenez la religion de vos pères (la protestante), suivez-la dans la sincérité de votre cœur, ne la quittez plus; elle est très-simple et très-sainte, *je la crois, de toutes les religions qui sont sur la terre,* celle *dont la morale est la plus pure, et dont la raison se contente le mieux.* » Mais ni Voltaire, ni Rousseau ne conclurent à rien, ils ne se crurent pas tenus à donner *un exemple* qui aurait tracé une route à la révolution.

Ce fut un grand malheur pour la France, que la présence d'un prêtre catholique au chevet du lit de Voltaire mourant. Pourquoi a-t-il laissé ainsi le catholicisme disputer et insulter sa dépouille? Ce fut, assurément, indigne de lui! On sait quelles infamies sans nom ont été dites sur cette mort par le catholicisme. Mais il semble que Voltaire voulait le bafouer une dernière fois, lui qui l'abhorrait comme le représentant de l'iniquité sur la terre. Et l'on peut dire qu'en le bafouant encore à ses derniers moments, il fit une profession de foi protestante : « Passe encore pour le Père, répondait-il, en pleurant, au prêtre « catholique qui l'obsédait à ses derniers moments, mais quant « au Fils, au Saint-Esprit, ah! c'est une autre affaire... » Jésus nous dit, dans son Évangile : « Mon Père est plus grand que moi

« (14, 28, Jean). » Et encore : « Pourquoi m'appelles-tu bon? Il « n'y a qu'un seul bon, c'est Dieu (10, 18, Marc). » Et encore : « Si quelqu'un a parlé contre le Fils de l'homme, il pourra lui « être pardonné (12, 32, Matthieu). » On peut donc dire que Jésus lui-même, qui disait être venu apporter la *miséricorde et non pas le sacrifice*, aurait absous Voltaire à ses derniers moments. Ce Voltaire, qui avait défendu Calas et le chevalier de La Barre, n'était-il donc pas un des *meilleurs disciples* de celui qui avait dit : « *Vous n'avez qu'un Père qui est au ciel, et vous êtes tous « frères.* » Oui, n'en déplaise aux infâmes charlatans, aux trafiquants de religion...., *aux rouges!* Voltaire était chrétien dans le sens le plus vrai, le plus noble du mot, il l'était, comme l'a dit encore le doux Maître, « *selon l'esprit qui vivifie, et « non selon la lettre qui tue!* »

Mais pourquoi Voltaire n'embrassa-t-il pas ostensiblement la Réforme, lui qui appelait le christianisme la religion naturelle perfectionnée; lui qui voulait un clergé marié, la suppression de la confession et des vœux monastiques; lui qui avait une horreur sainte de l'exploitation de l'espèce humaine, à la faveur d'une superstition savamment entretenue par Rome, l'inquisition, les dominicains et les jésuites!!! Ce fut là un grand malheur pour la révolution française. Cette révolution qu'il aimait à prédire, lorsqu'il disait : « Vous verrez de beaux jours, vous les « ferez. » Il semble qu'il ne lui ait laissé que la moquerie et le doute; il lui a fait payer bien cher son génie! lui qui, cependant, dans sa vieillesse, saluait déjà ainsi la mort :

« O Dieu qu'on méconnaît, ô Dieu que tout annonce,
« Entends les derniers mots que ma bouche prononce.
« Si je me suis trompé, c'est en cherchant ta loi :
« Mon cœur peut s'égarer, mais il est plein de toi.
« Je vois sans m'alarmer l'éternité paraître;
« Et je ne puis penser qu'un Dieu qui m'a fait naître,
« Qu'un Dieu qui sur mes jours versa tant de bienfaits,
« Quand mes jours sont éteints, me tourmente à jamais. »

X

Mais vous, républicains vertueux et austères, qui ne parlez que de réformes au peuple et au pouvoir, quels exemples leur donnez-vous donc? Que leur prêchez-vous donc? L'athéisme, le positivisme, le saint-simonisme, le théophilanthropisme..., *le devoir, peut-être?...* Est-ce le devoir d'être ministre? Mais cela, *vous devez le savoir très-bien*, n'arrive que trop souvent, pour notre malheur, à vos frères et amis. Voulez-vous donc, bon Dieu, que cela leur arrive à tous??? Mais ce serait la fin du monde..., et, j'en conviens, plus ne serait besoin alors de réforme.

En attendant ce beau jour, vous qui criez si haut, qui gémissez sans cesse! vous donnez le droit à la société de vous demander ce que vous lui apportez, et de vous dire : « Vous qui « voulez réformer les autres, vous êtes-vous réformés vous-« mêmes? » Et avec vous, l'on peut, l'on doit être sans pitié, car vous venez régenter le monde avec *orgueil*, et vous avez toujours ce mot à la bouche au lendemain de nos désastres, nous assurant, avec une impudence rare, aussi rare que votre incapacité, que votre république est désormais POUR TOUJOURS la forme du gouvernement de la France!

Hé bien! oui, nous le savons, nul de vous ne pense à se *réformer;* qui sait? vous craignez peut-être le *ridicule*... Vous, craindre le ridicule!... Comme on voit bien que la République vit d'illusions! Dites-le, en religion comme en politique, *vous voulez vivre de bavardages vides!* Vous êtes, d'ailleurs, tellement bouffis de votre sotte importance, que vous répondrez peut-être aussi : « Nous

« ne voulons pas faire cette hypocrisie.» Et ainsi vous restez dans le catholicisme *par crainte du ridicule, et de l'hypocrisie.* Admirable!!! Alors nous assistons à ce curieux spectacle du catholicisme se sentant de plus en plus méprisé, et se livrant de plus en plus aux jésuites et aux dominicains; et à celui que nous donnent les républicains, le méprisant de plus en plus (comme s'ils pouvaient mépriser quelque chose!), et s'y cramponnant cependant, de plus en plus, pour ne pas paraître faire une hypocrisie (OU UNE MAUVAISE AFFAIRE), en le quittant. Et là-dessus on nous dit gravement : « Ces temps sont des temps d'anarchie ».

Et puis voilà les pauvres malheureux communards, qui n'en peuvent mais, ballottés, poussés, eux aussi, par les républicains qui leur crient qu'on les exploite en leur parlant de la gloire, de Dieu et de la grandeur de l'État; et qu'en somme, lorsqu'on a bien dîné, il n'y a pas de Dieu, pas de gloire, pas d'État; que tout cela ce sont des bêtises, et qu'il n'y a, après tout, de vrai, que la quantité de pommes de terre que l'on mange, et le bon, *le divin* argent que l'on gagne..., N'IMPORTE COMMENT!!!

Ne voilà-t-il pas, en un mot, où aboutissent au fond et au-dessus toutes les belles doctrines du jour... *et de la nuit?* Et ne sont-ce pas celles que nous venons de voir se prélasser au beau soleil de la Commune? Et pourtant ces hommes cherchaient quelque chose! Et lorsque l'Association internationale des travailleurs, conseil fédéral des sections parisiennes (chambre fédérale des sociétés ouvrières), disait : « Sommes-nous dégénés-
« rés au point de subir avec résignation *le despotisme hypocrite de*
« *ceux qui nous ont livrés à l'étranger*, et de ne retrouver d'énergie
« *que pour rendre notre ruine irrémédiable par la guerre civile?* »
de quel droit avez-vous été sans pitié pour eux?... Ne vous sentiez-vous donc pas responsables, vous, républicains sceptiques, de l'exemple et des conseils que vous leur aviez sans cesse donnés?

O puissantes! ô fortes cervelles!!! que le pays est heureux

d'avoir trouvé d'aussi profonds politiques, d'aussi honnêtes législateurs. Mais vous avez tourné la difficulté; car, on le sait, *vous êtes malins.* Ne le cachez pas plus longtemps, livrez-nous votre secret, *le secret de Polichinelle :* vous voulez la séparation de l'Église et de l'État, comme vous voulez le cosmopolitisme et la paix à tout prix. Mais ce ne sont là que des palliatifs bons, tout au plus, pour prolonger encore une situation que les palliatifs ont justement rendue *désespérée!*

Non, non, plus de palliatifs; entrons donc virilement dans le vif des questions qui s'imposent, et dont dépendent à la fois notre existence morale comme individus, et notre existence comme grande nation! Séparer les Églises de l'État, parce que le catholicisme, fils de Grégoire VII, fidèle à tout son affreux passé, anathématise les lois d'une société qui échappe heureusement, depuis longtemps déjà, à tous ses rêves de domination absolue, cela suffit-il? Oui, pour vous peut-être, qui avez découvert ces lois nouvelles en vertu desquelles les sociétés de l'avenir se passeront de toute idée religieuse, comme elles se passeront aussi de toute idée morale ou politique, ou mieux de toute idée patriotique. Hé bien! à la rigueur, à vous, esprits prétendus vastes et forts, on pourrait bien accorder que ce majestueux « *rien en tout* » suffira. Mais dites-nous, grands philosophes qui vivez si heureux *de rien en tout*, que direz-vous *aux simples?*

A ceux, par exemple, pour qui M. Renan, ce fort des forts penseurs du jour, faisait naguère une petite édition EXPURGÉE de son fameux ouvrage sur le Christ : *Ad usum populi?* Car il y a des simples, HOMMES FORTS, vous avez dû prévoir cela! Ne serait-ce que celui qui trace ces lignes! Tout le monde, que diable, ne peut être républicain! Et vous êtes bien au moins assez forts pour avoir prédit cela!

Que direz-vous aux simples? aux foules? Les laisserez-vous donc *sans défense*, SANS EXEMPLE, *sans conseils*, *sans appui*, après votre dédaigneuse séparation de l'Église et de l'État;

en butte aux avides entreprises de Rome, qui sera toujours là *haletante*, pour exploiter savamment avec ses mille congrégations pourries, avec sa science impure... *infâme*, de la casuistique, toutes les émotions malsaines que peut faire naître la nature humaine détournée de ses voies, et exaltée outre mesure, et comme préparée, par un hébétement morbide, à accepter d'avance toutes les conceptions de la superstition et du mensonge qui mènent à cette infamie, dont le dernier mot est le tribunal du saint office dans le passé, et, plus près de nous, *les faiseuses d'anges* à Marseille; et les horribles et infâmes histoires qu'enfantent tous les jours, sous nos yeux, ces vœux abominables de chasteté, impossibles à tenir, et que Dieu n'a pas voulus, lui, *le Créateur essentiel*, dont l'œuvre ne peut se maintenir que par une loi parfaitement, et complétement opposée.

La conscience en repos, pourrez-vous donc toujours dire, vous, les prétendus amis, les amis affectés du peuple et des simples: « Que nous importent toutes ces questions! » Oserez-vous dire : « Affaires futiles! affaires de femmes et d'enfants!» Et ainsi, vous vous en irez donc, de gaieté de cœur, après avoir su enlever l'État aux entreprises du *prêtre malade*, livrer à ces mêmes prêtres et à des entreprises d'un autre genre peut-être, plus ardentes sur un théâtre désormais plus restreint, ce que vous devez avoir de plus cher au monde : « la direction morale de vos enfants, la direc-« tion morale de vos femmes; la moralité, la pureté de vos foyers « domestiques!!!»

Non, mille fois non, c'est *radicalement impossible*. Ces questions qui s'imposent veulent être résolues par autre chose que par l'indifférence. Et si l'indifférence nous endort, disait déjà Lamennais... *l'athéisme nous réveillera!*..... Oui, il nous réveillera, *mais nous ne serons plus;* car, sachez-le bien, l'athéisme, c'est la mort morale de l'individu qui préparerait (si ce n'est déjà fait!) la mort nationale d'un pays qui serait honteusement abandonné.

Demander à l'État de se séparer des Églises pour se *dispenser du soin d'en choisir une,* ce n'est pas là résoudre la question; c'est prendre un biais pour ne pas l'aborder de front, *pour la fuir.* Lorsque nos pères, en 89, proclamèrent la *liberté de conscience,* ils admettaient sans doute que cette conscience libre *choisirait sa religion,* et le premier hommage à la *liberté de conscience* n'était-il pas de quitter aussitôt le catholicisme? Vous vivez dans d'autres pensées; nous le savons, les républicains sont ou catholiques ou athées, ce qui aujourd'hui, avec la manière d'entendre le catholicisme, est tout à fait la même chose. Car, si l'origine du catholicisme est le christianisme, il s'est corrompu dans les mains des jésuites et des dominicains.

XI

Lorsque la république romaine, héritière de la Grèce, passait sous le joug des empereurs, Jésus-Christ laissait au monde pour religion la loi perfectionnée de ces grands prophètes de la Judée, dont les moindres actes semblaient s'inspirer de l'idée la plus haute, la plus grande, sinon la plus pure, que l'homme se fût jamais faite jusqu'alors de la divinité. Bientôt cette religion, marchant à la conquête du monde ancien, se rencontrait à Alexandrie avec les dieux de la Grèce et de Rome, ou plutôt avec les stoïciens et Platon, qui résumaient en eux ce que le monde païen avait produit de plus élevé et de plus grand.

Alors la Judée, la Grèce et Rome, arrivées par des chemins divers à l'idée la plus pure de la Divinité, se pénétrèrent, pour ainsi dire, à Alexandrie, et y jetèrent les bases de ce qui devait être un jour la religion de notre univers.

Malheureusement, à Rome, le christianisme naissant, qui renversa bientôt les empereurs persécuteurs, se corrompit vite dans cette pourpre qu'il venait de leur enlever. C'est qu'en effet les évêques chrétiens de Rome, après avoir remplacé les empereurs romains, grâce aux Francs, les plus indomptables parmi ces barbares que le christianisme venait cependant de dompter, étaient devenus ainsi papes, ou *empereurs des évêques.*

Le christianisme alors ne fut plus une religion, *ce fut un empire.* Les papes le gouvernèrent despotiquement en vrais empereurs romains. *Ils furent cette parole qui lie et délie, et dont le droit est de n'être jamais liée.* Ce fut un pouvoir terrible et redoutable. Voulant des instruments dociles, et qui lui appartinssent tout entiers, *il supprima* le mariage des prêtres. L'homme, dans ses mains, devait être à l'état de cadavre : « *perinde ac cadaver.* » Il institua ensuite la confession, et lut ainsi dans toutes les consciences, et s'assit à tous les foyers. Et cependant il ne pût conserver quelque temps ce pouvoir, que grâce à des crimes effroyables, dont le souvenir fait encore pâlir de terreur le genre humain. Ce fût la Réforme qui eût la gloire immortelle de l'abattre, en ramenant le genre humain vers le pur christianisme d'Alexandrie : celui du Christ, de Zénon, de Platon et de Caton !

Comment se fait-il donc que vous, républicains, vous ne soyez pas de la religion de Caton? Caton aimait Dieu et la patrie! Ne craignez-vous pas quelquefois que l'avenir ne vous demande ce que vous avez fait de ces deux choses? Caton, avouez-le, doit vous embarrasser..... mais, bah! Vous êtes des penseurs que l'univers même n'embarrasse pas.

Quant à moi, je l'avoue, vous me semblez trop forts. Pardonnez à ma faiblesse! Ces mots : DIEU ET PATRIE, me disent encore quelque chose. Je voudrais un État qui eût ce que j'appelle : ses frontières morales et politiques.

Sans Dieu, sans patrie, je ne pense pas qu'un État puisse vivre, et je vois bien que votre dernier mot est le cosmopolitisme et la promiscuité. Vous reculez devant toute conclusion saine. Hier, les saint-simoniens du *Siècle* essayaient de nous cacher que M. Hénon, le meilleur des fameux cinq, était mort dans la religion réformée, et y avait sans doute puisé la modération et l'esprit d'équité, qui ont empêché Lyon d'assister aux scènes que nous avons vues à Paris. Mais non, vous ne voulez rien, rien que la *vide et sotte suffisance de vos personnes ridicules, plates et impuissantes!* Ne voyez-vous donc pas que cette impuissance à rien créer, à rien être de loyal et d'honnête, qui n'a d'égal que votre suffisance vide, nous ramène à l'empire, comme cela est déjà arrivé d'ailleurs, sous le Directoire. Il nous reste à savoir si vous nous réservez les scènes d'Hébert et de Chaumette, avant de disparaître. On pourrait le croire, en lisant les belles choses que publie la *République française*.

Voici ce qui s'y étale au grand jour du XIXe siècle : « En tant « que sujet d'étude et d'observation scientifique, le sentiment « religieux est une réalité historique *dont il serait puéril de nier « l'existence*. Mais l'idée religieuse est comprise dans cette caté- « gorie de notions de l'entendement, dont on peut dire *qu'elles « existent, mais qu'elles ne sont pas*. L'existence est à l'être ce que « le gui est au chêne. Supprimez l'arbre en pensée, sa végétation « parasite ne peut plus se développer. De même, *supprimez le cer- « veau humain, ce lieu de l'idéal*, quel concept religieux trouvez- « vous dans l'univers? » Quelle limpidité de style : pas de cervelle, point de cervelle! Pas de genre humain, pas d'idée de Dieu..... Soit, puisque l'idée de ce Dieu est sortie précisément de *la conscience du genre humain*, pour l'avoir senti gronder en elle, ce Dieu qui est bonté, beauté, vérité, justice. Elle alla à ce Dieu qui venait à elle....... ce fut la *révélation!*

Mais poursuivons : « Les religions sémitiques, le christia- « nisme en particulier, ont à ce point *déformé* notre esprit « arien, que ce mot « *Dieu*, » loin d'évoquer en nous quelqu'une « des formes divines adorées par les pères de notre race, ne « nous rappelle plus *qu'une vague abstraction conçue comme*

« *un être distinct du monde, antérieur et supérieur à l'univers qu'il* « *a tiré du néant.* Il n'a pas fallu moins que l'*immense abaissement* « *des esprits dans l'Occident* et dans une partie de l'Asie à l'époque « romaine (à l'époque de Caton sans doute?), pour que cette idée « toute sémitique ait pu subjuguer notre *entendement.* Un Grec « du temps de Périclès eut certainement repoussé cette croyance « comme un défi jeté à la raison humaine. »

Quoi! vous osez parler d'un Grec du temps de Périclès? Prenons Périclès lui-même; n'était-il pas élève d'Anaxagore, élève lui-même d'Anaximène et d'Anaximandre? Que disaient tous ces philosophes, successeurs de Thalès, contemporain de Phérécide, le maître de Pythagore? Tous ils proclamèrent les premiers, en philosophie, un Dieu tout-puissant! Phérécide passe pour avoir le premier écrit sur l'*essence des dieux!* Thalès appelait Dieu l'ouvrier du monde, et il disait que ce qu'il y avait de plus ancien, *c'était Dieu, car il était incréé;* et de plus beau, *le monde, parce qu'il est l'ouvrage de Dieu.* Pythagore disait que la vertu est une harmonie, ainsi que la santé, le bien, Dieu lui-même, et c'est pour cela que l'harmonie règne dans l'univers. Anaximandre, disciple de Thalès, enseigna aux Grecs à découvrir à sa suite que les mondes peuplaient l'infini des cieux; Anaximène lui succéda sans l'égaler, mais il eut la gloire de laisser pour successeur Anaxagore, surnommé l'esprit.

Anaxagore, le maître de Périclès, qui le protégea et obtint sa liberté, lorsqu'il était accusé comme impie, pour avoir dit que le soleil est une masse enflammée.

Comment donc les Grecs du temps de Périclès étaient-ils tels que vous les dépeignez? Ils auraient pu lire cet ouvrage d'Anaxagore, qui commençait ainsi: « Tout était confondu; l'*intelligence* « *vint et établit l'harmonie.* » Comment osez-vous parler de la Grèce, quand vous parlez d'esprit *déformé* et *abaissé!* Tenez-vous donc une heure en équilibre, ô républicains; il semble vraiment que, dès que vous n'êtes plus cléricaux et académiciens, vous êtes athées. Jamais l'esprit humain n'alla aussi loin qu'en Grèce. Nous avons vu Anaximandre et Anaxagore peupler de mondes l'infini des cieux; nous allons voir Platon, dans le Phédon, *ce Phédon que Caton* lisait avant de se tuer, pressentir l'attraction.

« Je suis persuadé que si la terre est au milieu du ciel et de « forme sphérique, elle n'a besoin ni de l'air ni d'aucun autre « appui pour s'empêcher de tomber, mais le ciel même qui l'en« vironne également et son propre équilibre suffisent pour la sou« tenir ; car toute chose qui est en équilibre, au milieu d'une « autre qui la presse également, ne saurait pencher d'aucun côté « et par conséquent demeure fixe et immobile ; voilà de quoi je « suis persuadé ! »

Ainsi voici ces *esprits abaissés et déformés* de la Grèce et de Rome, qui devancent les découvertes *de cet autre esprit abaissé et* déformé : *Newton*, et aussi les découvertes des puissants télescopes d'Herschell... cet autre *esprit abaissé et déformé!* N'est-il donc pas plus vrai de dire que ces immenses esprits ont senti Dieu *bien avant nous*, pour en avoir, *bien avant nous*, *pénétré la puissance, compris et admiré les œuvres?* Et ne nous reste-t-il plus, en proclamant leur science profonde et admirable des lois de l'infini, qu'à nous incliner et à en accepter *tous les décrets?*

Mais la Grèce, la Grèce de Démosthènes et de Platon, eut aussi la première les sophistes qui sophistiquaient *toutes* les questions.... C'étaient les parlementaires, les doctrinaires, les républicains d'alors. La Grèce mourut lorsqu'ils parurent; Rome mourut aussi lorsqu'elle les vit naître. La Grèce et Rome n'en sont pas moins immortelles... la France a-t-elle donc achevé sa journée? et devons-nous périr du même mal, pour ne plus survivre, dans *la mémoire des âges*, qu'avec Rome et la Grèce? *Avons-nous assez fait pour une pareille immortalité???*

XII

Si vos pères de 92 s'égarèrent comme vous, ils eurent du moins pour excuse un patriotisme qui les aveuglait... Mais vous, qu'avez-vous fait du patriotisme ? Aujourd'hui, quand vous n'êtes pas cosmopolites et cléricaux avec les académiciens, les banquiers et les doctrinaires, les bourgeois, les parlementaires, vous êtes *cosmopolites toujours*, et athées avec l'*Internationale et sa gloire !* Et *tous*, *républicains du jour*, vous appelez *conquête* la rentrée de la France dans ces limites naturelles consacrées par le traité de Lunéville. Vous aimez à oublier que son sang le plus pur et le plus héroïque, qui venait de couler à flots sur trois champs de bataille à jamais immortels: Marengo, Zurich, Hohenlinden, les lui avaient assurées pour jamais ! Oui, *pour jamais !* Et c'est lorsqu'il ne nous reste plus qu'à périr, ou qu'à nous montrer dignes de nos pères (les gentilshommes ici comme les républicains), et à ne point nous repaître d'ignobles visées et d'ignobles doctrines, c'est lorsqu'il faut exalter nos esprits et nous préparer à la lutte, que vous glacez l'âme de la France en lui prêchant je ne sais quelles ignobles doctrines égoïstes et athées, et je ne sais quelles idées pacifiques impossibles.

C'est vous, c'est vous qui, depuis 1848, avez *accepté la défaite de la France !* C'est devenu un dogme pour vous. En 1848, vous avez déserté tous vos engagements et l'Europe était à votre merci ; vous avez accepté cette défaite de la France à la suite des d'Orléans ; vous avez voulu, vous voulez encore entrer dans le fameux concert européen... et *à ce prix... car vous le savez*, c'est à ce prix qu'on y entre. La *République française* ne citait-elle pas hier, *triomphante*, la

Gazette de la Bourse, de Saint-Pétersbourg, qui dit : « La France « vaincue en a fini avec la légende bonapartiste, *et la Répu-* « *blique française semble être ce qui offre le moins de danger à* « *l'Europe.* »

Aussi, j'aime à le confesser hautement, deux partis me semblent à jamais impossibles en France : la république et les d'Orléans. La France désormais ne doit plus vous séparer dans ses douloureux et humiliants souvenirs ! Elle doit savoir que la Prusse trouvera, auprès de vous et des d'Orléans, la même tranquillité pour la possession de l'Alsace et de la Lorraine que l'Europe a déjà trouvée, auprès de vous deux, pour la tranquille possession de la Belgique et du Rhin. Et s'il est vrai que le drapeau blanc portait dans ses plis l'Alsace et la Lorraine, il est vrai que le drapeau tricolore QUI N'EST PLUS LE VÔTRE, ET QUE VOUS PROFANEZ, et que brandissait à Arcole le général Bonaparte, portait dans ses *plis sacrés* ce traité de Lunéville, qu'il signait le 16 mars 1801, et qui nous assurait nos frontières naturelles : *Bonaparte le vainqueur de Marengo !*

La république c'est la défaite : *sous le directoire, en* 1848 *et en* 1871 ! Napoléon a fait bien du mal à la France, mais lui du moins il ne l'a point avilie ; cette paix de 1815, il n'a pas voulu la signer ! Il semblait vouloir laisser à sa race le devoir de rendre un jour à la France ce qu'elle perdait à Waterloo, le 18 juin 1815, le jour de *la bataille des nations !* Son ambition insensée lui avait fait refuser les propositions de Francfort, faites par M. de Metternich, en novembre 1813. « Les puissances coalisées étaient « alors unanimement d'accord (c'était leur langage) sur la puis- « sance et la prépondérance que la France devait conserver « dans *son intégrité*, en se renfermant dans ses *limites natu-* « *relles*, qui étaient le Rhin, les Alpes et les Pyrénées. » Ainsi ces limites naturelles que reconnaissait l'Europe... vous, soi-disant républicains, vous ne les reconnaissez pas. Votre France, ce n'est pas celle de vos pères ! *celle de Bonaparte!* C'est celle de Louis-Philippe ! Celle de 1848 !!! Vous croyez habile de ne penser, ou plutôt vous ne pensez plus qu'à ces questions de salaires dont vous fanatisez... le peuple français!

Au lendemain de la république de 1870 et de la paix de 1871, le journal *d'un des fameux cinq*, l'*Electeur*, publiait trois articles de suite, intitulés : LA REVANCHE! dans lesquels il reprochait à Napoléon III de n'avoir pensé qu'à cette *Revanche* depuis le 2 décembre! S'y est-il bien pris? c'est une autre question. Mais, en effet, *il y pensait*, puisqu'il avait déjà rendu à la France Nice et la Savoie, en délivrant l'Italie! Et c'est cela que vient lui reprocher un des cinq, au lendemain de la défaite de la République *et de la France!* M. Thiers l'a aussitôt nommé ministre à Bruxelles. Je le comprends, en voilà un certes qui n'inspirera pas de craintes à l'Europe, et ne prendra pas la Belgique! Voilà donc les visées de la république?..... Elle semble ignorer, elle, la *République française*, que la grandeur de la France s'est faite sur les champs de bataille, et que, victorieuse ou vaincue, c'est sur les champs de bataille *qu'elle se refera ou disparaîtra pour toujours!*

Sachons donc bien que la république ne veut, ne peut nous donner, ni frontières morales, ni frontières politiques; sa morale, c'est le *cléricalisme* ou *l'athéisme;* sa politique, *c'est le renoncement définitif à nos frontières...*: la politique des d'Orléans, des doctrinaires, des parlementaires, à laquelle elle s'est ralliée en 1848 et sous l'Empire, pendant lequel elle a même été, dans sa haine, jusqu'à s'allier aux légitimistes. Les théories de la république *cléricale et athée*, ce qui est, on ne saurait trop le répéter, absolument la même chose, se rapprochent nécessairement de celles de l'*Internationale*, que Mazzini définissait ainsi : « 1° *la négation de* « *Dieu*, c'est-à-dire de la base unique, éternelle et inébranlable « de nos devoirs et de nos droits; 2° *la négation de la patrie* et « de la nation, c'est-à-dire du point d'appui dont vous pourrez « vous servir pour sauvegarder *vos intérêts et ceux de l'humanité.* »

Qu'avez-vous fait des conseils d'Armand Carrel, de Lamarque et de tant d'autres? Pourquoi applaudissiez-vous Armand Carrel quand dans cent articles pleins d'honneur, de patriotisme et d'énergie, il savait si bien dire qu'il fallait une patrie *forte et glorieuse*, donnant la main aux opprimés en Italie et en Pologne? quand il ne cessait de parler à la France de ses frontières naturelles, dans un fier langage, si digne de son héroïque passé? Aujourd'hui pourquoi donc le dénigrez-vous, pourquoi demandez-vous pardon pour son patriotisme, et l'appelez-vous *Buonapartiste?*

Ah! c'est qu'il n'avait pas les idées qui vous sont venues sur la guerre, depuis votre alliance avec les bourgeois philippistes. Il disait en effet : « Penser fortement, clairement, au fond de son « cabinet, est bien beau sans contredit; mais penser aussi fortement, aussi clairement au milieu des boulets, est l'exercice le « plus complet des facultés humaines. Ceux qui ont rêvé la *paix « perpétuelle* ne connaissaient ni l'homme, ni sa destinée ici-bas. « L'univers est une vaste action : l'homme est né pour agir. « Qu'il soit ou ne soit pas destiné au bonheur, il est certain du « moins que jamais la vie ne lui est plus supportable que lors- « qu'il agit fortement; alors il s'oublie, il est entraîné, et cesse « de se servir de son esprit *pour douter, blasphémer, se corrompre « et mal faire*. Une société en paix perpétuelle tomberait en « pourriture. Voyez quelle était la France à la fin du dix-hui- « tième siècle (et aujourd'hui)! Il faut *sans doute qu'une guerre « soit juste;* mais, appuyée sur la justice, succédant à de longs « intervalles de paix, elle retrempe les mœurs et le caractère des « nations. » Il disait aussi, et cela s'applique bien à tout ce que vous avez prêché à la France, toujours par haine de l'empire : « Malheur à qui coupe les jarrets de son coursier pour n'être pas « emporté par lui! Le hardi cavalier sait qu'il a besoin des jambes « de l'animal fougueux qui le porte, mais il fait jouer à propos « le mors et l'éperon. C'est par cette figure qu'un grand homme « d'État anglais a donné l'idée la plus frappante de ce que doit « être le gouvernement chez une nation forte, une nation qui a « de grandes facultés et de grandes passions, car il n'y a point

« de grandes facultés sans grandes passions! Et malheur aux na-« tions qui ne sont point passionnées, elles ne sont faites que « pour l'esclavage! »

« Ne nous pressons point, dira l'Europe; voilà que nous avons « du temps devant nous : intriguons, armons, divisons; jetons « l'effroi ici, là la défiance; on nous aide en France à empêcher « que l'incendie ne se communique. Il y a là un gouvernement « à qui nous gardons *bonne récompense de ses égards pour nous,* et « qui, avec fort peu d'amitié pour nos couronnes, travaille à notre « profit comme s'il se dirigeait par nos instructions. *Laissons « faire ce gouvernement jacobin peureux*, et il nous livrera, RÉDUIT « A LA TAILLE DE PYGMÉE, ce peuple géant qui, en juillet (ET « EN 1848!), nous fit trembler sur nos trônes, et à qui nous « étions tout près de sacrifier les traités de 1815, pour peu qu'il « l'eût demandé *dans le premier moment.* »

Mais j'oubliais vraiment que l'Assemblée nationale a décidé que nous ne vous avons pris *qu'à l'essai*, et que votre République née dans une émeute, bien plus que dans une révolution (ne dites-vous pas toujours que vous n'êtes pas des révolutionnaires!), n'a pas encore été ratifiée par le suffrage universel, *cette fameuse et unique conquête de* 1848!

XIII

Mais nous retombons toujours dans le même cercle fatal : Monarchie! République! Empire! La France est en quelque sorte à l'encan. Nous avons vu ce qu'ont été avant et depuis 1815 ces trois gouvernements! c'est 1870 aujourd'hui qui semble avoir pris dans l'histoire la place de 1815! C'est 1870 qui est aujourd'hui, pour la France, *la date fatidique*. Si elle tombe plus bas.....

elle est perdue! Et c'est depuis 89, depuis le 10 août, qu'on semble ainsi bâtir sur un terrain mouvant, qui engouffre toutes les formes de gouvernement qu'on veut lui faire porter.

Pauvre France où l'on va, depuis quatre-vingts ans, de la déesse Raison au catholicisme, et de la République au despotisme.... et toujours avec le même héroïque entrain. Jetterons-nous l'ancre une fois? Saurons-nous ce que nous voulons être en religion, en politique?

Mais voyons donc encore, puisqu'il faudra toujours en revenir à une de ces trois formes de gouvernement : Monarchie, République, Empire, celui d'entre eux qui peut avoir le plus appris, et le plus oublié.

Voyons d'abord ce que nous offre la monarchie.

M. le comte de Chambord, dans un de ses derniers manifestes, nous dit : « *Je suis la Réforme.* » Mais ces mots : « *Je suis la Réforme*, » *sont bien malheureux*, et sont bien faits pour inspirer au moins *des doutes* alors qu'on ajoute, comme M. le comte de Chambord, qu'on *patronnera l'Église catholique, apostolique et romaine!* Il ne pensait donc plus à l'histoire de ses pères, *à l'histoire des Stuarts d'Angleterre*, *leurs fidèles alliés!* Son titre de roi même, Henri V, ne lui rappelle-t-il pas qu'il succède à un roi qui a abjuré ce mot *Réforme*, dont il croit encore pouvoir nous parler, cette *Réforme* qui fait aujourd'hui la force et la gloire de l'Angleterre, *de l'Amérique*, de l'Allemagne, de la Hollande, de la Suède, de la Suisse!!!!!! *cette Réforme* qui a changé autour de nous la face du monde, et nous mettrait *au ban de la civilisation*, nous la France de 89, si nous persévérions dans la *foi mentie* catholique. Le catholicisme aujourd'hui, en effet, n'est plus *une force*, et si, grâce à la *Réforme, ce ne peut plus être un crime!* ce n'est plus *du moins qu'une honteuse faiblesse*.

Lorsqu'on procède de Louis XIV et de Bossuet, n'a-t-on pas mauvaise grâce à prononcer ce mot : *Réforme?* N'est-on pas toujours *le Roi-Dieu de France soumis au pape de Rome?* Quelle a été la conduite de M. le comte de Chambord pendant son exil? Nous a-t-il indiqué qu'il avait compris pourquoi ses pères avaient été chassés deux fois du beau royaume de France? Lorsque l'empereur Napoléon III, seul fidèle en ce jour aux nobles idées de la révolution française, délivra l'Italie du joug des Autrichiens, que fit M. le comte de Chambord? il n'eut qu'un souci : « la papauté! » et l'on vit la fleur des gentilshommes de France se disputer l'honneur de défendre cette papauté contre l'Italie, représentée pas Victor-Emmanuel. On se rappelle qu'ils furent défaits à *Castelfidardo*. La noblesse de France et son roi obéissaient, dira-t-on, à un devoir d'honneur et de conscience en agissant ainsi! Je le sais; mais alors nous en sommes toujours au moyen âge, aux croisades, à saint Louis. En quoi donc peut consister la réforme promise?

Pendant ce temps, la papauté fidèle aussi, elle, à tout son passé, que vraiment je n'appellerai jamais glorieux, proclama un nouveau dogme, celui de l'Immaculée Conception, donna le *Syllabus*, et finit enfin par établir *sa supériorité sur les conciles*, qui la proclamèrent désormais *infaillible!*

Que devenaient ces édits de 1682, ces prétendues libertés de l'Église gallicane? Que devient cet article 2 : « L'Église gallicane « approuve les décrets adoptés par le concile de Constance, dans « les sessions IV et V, lesquels déclarent les conciles œcumé- « niques *supérieurs aux papes dans le spirituel.* » Et l'article 4 : « Les « décisions du pape en matière de doctrine ne sont *irréformables* « *qu'après que l'Église les a acceptées.* » Il y a bien des gens auxquels tout cela n'a rien appris, car Bossuet le gallican, et Fénelon l'ultramontain se réunissaient déjà autrefois pour dire : « Mal- « heur au royaume, si l'on entend jamais les libertés de l'Église « gallicane comme les entendent les magistrats, et non comme « les entendent les évêques (les jésuites)! »

Aujourd'hui nous savons comment le pape, les évêques, les jésuites, entendent ces libertés. Que devient donc l'article 24 de la loi du 24 germinal, an X : « Ceux qui seront choisis pour l'en-« seignement dans les séminaires *souscriront la déclaration faite « par le clergé de France en* 1682 (??), et publiée par un édit de la « même année; *ils se soumettront à y enseigner la doctrine qui y est « contenue.* »

Avons-nous vu Henri V protester? Loin de là. Mais le pouvait-il? Et ces deux pouvoirs, le pape et le roi, ne doivent-ils pas périr ou triompher ensemble? Il semble même qu'ici les choses se simplifient admirablement pour ceux qui peuvent, ou veulent voir : le Roi-Dieu de France, maître des états généraux, à genoux devant le pape, maître des conciles, ces états généraux de l'Église catholique, apostolique et romaine!! Que devient donc encore ici la réforme promise? et que devient désormais ce mot « *Réforme* » dans la bouche du roi de France? Au roi qui nous dit : « *Je suis la réforme,* » nous répondons-nous : « *Mais que dit « le pape votre maître, votre Dieu infaillible? Vous ne lisez donc pas « le Syllabus,* cette charte des temps éternels? Nous l'avons lu « nous, et nous savons ce qu'il faut penser désormais de tout « cela. » Non, Henri V, comme ses pères, n'a *rien appris ni rien oublié!* Il demande, naïvement peut-être, à la Réforme et à la révolution de faire amende honorable, et il dit : « Je suis la Réforme! » la réforme de quoi? S'il avait appris quelque chose, il aurait dit au pape : « Le despotisme ne peut pas plus aujourd'hui « exister dans la religion que dans la politique, vous n'êtes pas « plus infaillible que moi..... Tous deux tombés du trône, nous « ne nous chargeons que trop de le démontrer au monde entier. « Vous n'êtes pas plus au-dessus des conciles que je ne suis au-« dessus des états généraux. Vous me faites comprendre que « mon aïeul Henri IV a eu tort d'abjurer et de ne pas s'en tenir « à l'idée d'élire un *patriarche des Gaules.* Les temps sont changés, « la puissance reste au christianisme, mais elle n'est plus au « catholicisme, qui a mésusé de la sienne. Je retourne à la Réforme « avec ma vaillante noblesse, qui l'avait déjà embrassée jadis. Mais

« vous qui êtes maintenant *au-dessus des conciles*, vous, que mes « pères avaient fait si puissant, aidez-moi ; aidons-nous à remonter « sur le trône. Réformez-vous, et réformez ce qui vous reste du « monde ! La lumière doit venir d'en haut. Ce pouvoir qu'on « vous a remis, usez-en : réformez-vous, Saint-Père, les temps « sont venus ; ouvrez les couvents, mariez le clergé, supprimez « la confession, les dominicains, les jésuites et le culte des « images. » Et je pourrai alors dire avec vous : « Je suis la Réforme. »

Mais non, il y a là des questions sombres de *foi mentie* et aussi des questions de chevalerie, de vanité, qui expliquent tout ; on ne peut demander aux hommes *plus qu'ils ne peuvent donner*. Ce drapeau blanc, c'est le drapeau de saint Louis, et c'est lui qui nous explique ainsi cette fleur de lys qui le couvre : « Des trois feuilles « qui la composent, la plus haute est la foi, qui monte vers le « ciel, et les deux autres sont sapience et chevalerie qui la sou- « tiennent. » Nous voici en plein mysticisme... et il semble qu'on voie déjà la flamme des bûchers précéder celle de l'enfer ! Jamais peut-être les Bourbons n'ont été *plus catholiques* qu'ils le sont aujourd'hui, et la noblesse française n'a jamais pensé à imiter la noblesse anglaise de Guillaume III, prince d'Orange ! Et il semble, *nous l'avons dit*, que la papauté, la noblesse de France et les Bourbons doivent finir ensemble, et que le drapeau blanc sera le commun linceul où dormiront à jamais les Stuarts, la papauté et les Bourbons. Qui nous donnera donc *cette réforme* dont nous parle Henri V, qui ose appeler *réforme* la *restauration du pape* infaillible ? Le petit-fils de Louis-Philippe est bien fils d'une protestante, et l'on pourrait dire : c'est de ce côté que nous viendra la *réforme*. Mais non : les d'Orléans se sont souvenus, pour le catholicisme seulement, qu'ils sont des princes de la maison de Bourbon ; et le duc d'Orléans, père du comte de Paris, parle ainsi du rôle de son fils dans son testament : « Que le comte de Paris soit un de ces instru- « ments brisés avant qu'ils aient servi, ou qu'il devienne l'un

« des ouvriers de cette *régénération sociale* qu'on n'entrevoit encore qu'à travers de grands obstacles et peut-être des flots de « sang; qu'il soit roi, ou qu'il demeure défenseur inconnu et « obscur d'une cause à laquelle nous appartenons tous : il faut « qu'il soit avant tout un *homme de son temps* et de la nation; « *qu'il soit catholique et défenseur passionné, exclusif, de la France* « *et de la révolution.* » Il serait difficile de rencontrer quelque chose *de plus faux* que les raisonnements contenus dans ces lignes. Que veut donc dire *être homme de son temps et de la nation, et être catholique et défenseur passionné, exclusif de la France et de la révolution?* Et toutes les contradictions dont nous périssons ne sont-elles pas contenues dans ces quelques mots, s'il est vrai qu'être aujourd'hui *homme de son temps*, c'est être à la fois *catholique et défenseur passionné, exclusif, de la France et de la révolution.* Serait-ce donc encore l'empire qui, à défaut de la monarchie et de la république, pourrait nous donner nos frontières morales et politiques : la réforme religieuse et nos frontières du Rhin?

XIV

Mais résumons-nous, il n'en est que trop temps! Nous avons déjà vu Bonaparte sauver à Marengo la révolution qui périssait dans les mains du Directoire, et devenir, *grâce au suffrage universel et à la volonté nationale, qu'il fut le premier à consulter*, le chef, l'*Empereur légitime de la révolution et de la république.* Et si l'on peut dire qu'il *séduisit* la France, il est impossible de dire qu'*il la trompa*, car elle se donna à lui tout entière, sachant bien ce qu'il était : *un héros*, et ce qu'il allait faire d'elle : *un soldat.* Et lui, le *sultan juste*, en France comme en Egypte, il s'appliqua, de bonne foi, *la bonne foi du génie*, à organiser ce peuple pour la victoire, la grandeur et la suprématie. *Tout pour la patrie!* s'écriait-il. Ce fut comme un échange, et jamais le monde ne vit peut-être un esprit à la fois plus équitable et plus absolu. S'il laissa des questions de côté (la religion!), c'est que la France elle-même ne les avait pas encore tranchées. On peut dire que c'est en amant, en révolutionnaire, qu'il organisa passionnément la révolution sa maîtresse. Jamais la France ne devait oublier cette union légitime de la révolution avec l'ordre, la gloire, la grandeur; et au dernier moment, hélas! avec la liberté!

Lorsqu'il tomba à Waterloo, ces noms : Waterloo et Napoléon, ne devaient plus sortir du cœur de la France! Les Bourbons, rentrés deux fois à la suite de l'ennemi, arrivèrent en *octroyant* une charte. C'était un langage que la France de la révolution ne pouvait entendre, et on se brouilla de suite sur ce retour et sur cet octroi. L'âme, le cœur de la France, étaient toujours à Napoléon.

Il fut la vivante image de sa grandeur et aussi, qui le dirait? de sa liberté disparues. La patrie vaincue, humiliée, aimait à parer son idole de tout ce qui lui semblait doux. Un grand poëte se leva alors dans cette France abaissée, et confondit dans des chants immortels, comme ce qu'il allait chanter : la France! la révolution! Napoléon! la gloire! Il débutait ainsi :

« Reine du monde, ô France! ô ma patrie!
« Soulève enfin ton front cicatrisé.
« Sans qu'à tes yeux leur gloire en soit flétrie,
« De tes enfants l'étendard s'est brisé. »

Ces chants enivrèrent cette France héroïque et vaincue, exaltèrent ses regrets, ses affections, ses souvenirs; le souvenir de ce drapeau tricolore qu'on lui avait enlevé, cet emblème sacré de la gloire et de la liberté. Béranger venait dire à ce peuple héroïque :

« Il est caché sous l'humble paille
« Où je dors pauvre et mutilé;
« Lui qui, sûr de vaincre, a volé
« Vingt ans de bataille en bataille!

« Chargé de lauriers et de fleurs,
« Il brilla sur l'Europe entière.
« Quand secoûrai-je la poussière
« Qui ternit ses nobles couleurs?

« Ce drapeau payait à la France
« Tout le sang qu'il nous a coûté.
« Sur le sein de la liberté
« Nos fils jouaient avec sa lance;
« Qu'il prouve encore aux oppresseurs
« Combien la gloire est roturière.
« Quand secoûrai-je la poussière
« Qui ternit ses nobles couleurs? »

Il chantait Waterloo :

« Qui dans Athènes, au nom de Chéronée,
« Mêla jamais des sons harmonieux?
« Par la fortune Athènes détrônée
« Maudit Philippe et douta de ses dieux.
« Un jour pareil voit tomber notre empire,
« Voit l'étranger nous rapporter des fers,
« Voit des Français lâchement leur sourire.
« Son nom jamais n'attristera mes vers.

« Périsse enfin le géant des batailles!
« Disaient les rois : peuples, accourez tous.
« La liberté sonne ses funérailles;
« Par vous sauvés, nous régnerons par vous.
« Le géant tombe, et ces nains sans mémoire
« A l'esclavage ont voué l'univers.
« Des deux côtés ce jour trompa la gloire.
« Son nom jamais n'attristera mes vers. »

Il disait à la France :

« De tes grandeurs tu sus te faire absoudre,
« France, et ton nom triomphe des revers.
« Tu peux tomber, mais c'est comme la foudre
« Qui se relève et gronde au haut des airs.

« Le Rhin aux bords ravis à ta puissance
« Porte à regret le tribut de ses eaux;
« Il crie au fond de ses roseaux :
« Honneur aux enfants de la France! »

Et puis c'était *le vieux sergent :*

« Qui nous rendra, dit cet homme héroïque,
« Aux bords du Rhin, à Jemmapes, à Fleurus,
« Ces paysans, fils de la République,
« Sur la frontière à sa voix accourus?
« Pieds nus, sans pain, sourds aux lâches alarmes,
« Tous à la gloire allaient du même pas.
« LE RHIN LUI SEUL PEUT RETREMPER NOS ARMES.
« Dieu, mes enfants, vous donne un beau trépas!

« De quel éclat brillaient dans la bataille
« Ces habits bleus par la victoire usés!
« La liberté mêlait à la mitraille
« Des fers rompus et des sceptres brisés.
« Les nations, reines par nos conquêtes,
« Ceignaient de fleurs le front de nos soldats.
« Heureux celui qui mourut dans ces fêtes!
« Dieu, mes enfants, vous donne un beau trépas! »

Et il fallait voir comme il bernait à la fois Rome, le jésuitisme et les Bourbons :

« Hommes noirs, d'où sortez-vous?
« Nous sortons de dessous terre.
« Moitié renards, moitié loups,
« Notre règle est un mystère.
« Nous sommes fils de Loyola;
« Vous savez pourquoi l'on nous exila.
« *Nous rentrons, songez à vous taire!*
« Et que vos enfants suivent nos leçons.
« C'est nous qui fessons,
« Et qui refessons
« Les jolis petits, les jolis garçons.

« Un pape nous abolit;
« Il mourut dans les coliques.
« Un pape nous rétablit;
« Nous en ferons des reliques.
« Confessons, pour être absolus :
« Henri quatre est mort, qu'on n'en parle plus.
« *Vivent les rois bons catholiques!*
« Pour Ferdinand Sept nous nous prononçons.
« Et puis nous fessons,
« Et nous refessons
« Les jolis petits, les jolis garçons.

« Enfin reconnaissez-nous
« Aux âmes déjà séduites.
« Escobar va sous nos coups
« Voir vos écoles détruites.
« Au pape rendez tous ses droits;
« Léguez-nous vos biens et portez nos croix.
« Nous sommes, nous sommes jésuites;
« *Français, tremblez tous : nous vous bénissons !*
« Et puis nous fessons
« Et nous refessons
« Les jolis petits, les jolis garçons. »

Et puis :

« Par Ravaillac et Jean Châtel,
« Plaçons dans chaque prône,
« Non point le trône sur l'autel,
« Mais l'autel sur le trône.
« Comme aux bons temps féodaux
« Que les rois soient nos bedeaux.
« En vendant des prières,
« Vite, soufflons, soufflons, morbleu !
« Éteignons les lumières
« Et rallumons le feu.

« L'intolérance, front levé,
« Reprendra son allure;
« *Les protestants n'ont point trouvé*
« *D'onguent pour la brûlure.*

« Les philosophes aussi
« Déjà sentent le roussi.
« En vendant des prières,
« Vite, soufflons, soufflons, morbleu!
« Éteignons les lumières
« Et rallumons le feu. »

C'était la France de Voltaire qui se réveillait sous l'égide d'un héros : Napoléon. C'était l'esprit et l'héroïsme : toute la France! Le pays prit feu, il chassa ces Bourbons qui représentaient la défaite; et ce catholicisme, toujours bafoué et chansonné, *et jamais réformé!* car Béranger lui-même, qui cependant avait dit :

Il est un Dieu; devant lui je m'incline,
Pauvre et content, sans lui demander rien.
De l'univers observant la machine,
J'y vois du mal, et n'aime que le bien.
Mais le plaisir à ma philosophie
Révèle assez des cieux intelligents.
Le verre en main, gaîment je me confie
Au Dieu des bonnes gens.

n'avait pas su conclure, plus que Voltaire, avec ce dieu des bonnes gens, *avec ses ministres*, avec Channing, avec Parker!

France, révolution, Napoléon, liberté : ces mots devinrent synonymes. Mais les bourgeois, les banquiers, les sages, se jetèrent au travers de ce courant. Le fils de Napoléon, d'ailleurs, dévoré d'ennui, périssait dans cette Autriche barbare, après avoir cependant ressenti la secousse de 1830! Mais rien n'était venu de France lui rendre *sa patrie, son père et la vie!* La France pantelante tomba aux mains de Louis-Philippe, *on ne pouvait tomber plus bas! La chute fut affreuse,* on perdait au change; la branche aînée, pleine de préjugés, était du moins entourée de gentilshommes *aveuglés*, mais fiers et chevaleresques. C'étaient les vieux noms de notre histoire : c'était Richelieu, c'était Montmorency, c'était Condé, c'était Turenne, c'était Crillon... Ici, ce n'était plus qu'un roi *homme d'affaires* avant tout, *une capacité d'in-*

tendant, qui en avait toutes les qualités et tous les défauts! Est-ce là ce qu'il fallait à la France? Son ardeur comprimée éclata en mille insurrections aussitôt noyées dans le sang. Ce ne fut pas sans peine qu'on enraya la révolution de 1830!!!

L'ardeur trahie de ces temps se résuma dans un journaliste : Armand Carrel. Il portait en lui ce que Napoléon appelait le *feu sacré!* Il appela la France à la gloire, à la revanche. *France et Waterloo!* c'était son mot d'ordre. Il montra au pays ses frontières démantelées, ouvertes; il l'avertit du danger de rester à la discrétion d'un ennemi qui ne lui pardonnerait jamais sa gloire passée. Généreux autant qu'héroïque, il n'appela la France qu'à une *revanche digne d'elle!* Il mêlait l'idée de sa résurrection à celle de la résurrection des autres nations, qui avaient souffert comme elle des vertus hypocrites de la Sainte-Alliance. Il voulait qu'on secourût l'Italie, la Pologne, soulevées par le vent qui soufflait de France! Il voulait une France puissante et bien armée, prête à secourir les peuples que son exemple soulevait. « *Ce que « vous ne faites pas aujourd'hui, on le fera plus tard contre vous, « disait-il à la France.* » Et je veux citer ici un de ses articles du 2 février 1831, *tout entier*; c'est de la politique d'hier, autant que *de la politique de demain.* « La *Gazette de Berlin* a bien changé de « langage depuis le jour où, se plaignant des amères accusations « des journaux français contre les gouvernements d'Allemagne, « elle assurait *que personne n'en voulait à la France;* que pas un « soldat n'avait été mis en mouvement à propos des événements « de France; *que la France seule était menaçante et prenait une atti- « tude guerrière.* Il y a huit jours à peine que nous relevions ce « langage de la *Gazette de Berlin*, et la voilà aujourd'hui qui s'ex- « prime sur le compte de la France en termes d'une violence « telle, que le dernier gouvernement lui-même, tout obligé qu'il « était aux puissances étrangères, en eût été révolté.

« Messieurs de la *coterie des impuissants* ne vont pas manquer de « dire que ce sont les exigences du *parti des impatients qui ont*

« *provoqué cet orage; qu'ils nous l'avaient bien prédit;* que, si l'on « eût été plus poli à l'égard des hauts contractants du congrès de « Vienne, on n'eût obtenu en retour *que des dispositions bienveil-« lantes.* Malheureusement, à la distance où sont placés les pu-« blicistes de Berlin, on n'entend pas, à ce qu'il paraît, *les petites « voix de messieurs les impuissants;* on n'aperçoit pas le coin de « Paris où ils s'excitent ridiculement contre les principes et la « portée de la révolution de juillet; on ne sait pas que ces mes-« sieurs ont imaginé entre eux de réduire A LEUR TAILLE les ré-« sultats des grandes journées, et qu'ils se font forts de plier à la « morgue de quelques pédants les sentiments de la France en-« tière. (Ils n'y ont que trop réussi !) Les publicistes allemands « n'observent pas la France au microscope; il y a un détail de « turpitude qui leur échappe nécessairement; ils ne voient de « si loin que cette France grande, ardente, unanime (hélas !); « cette France impatiente, qui préféra en juillet l'insurrection à « la paisible voie du refus de l'impôt. C'est à cette France qu'ils « s'adressent; ils la voient, ils la retrouvent, à quelques nuances « près, dans les journaux où le caractère de la révolution de « juillet est fortement empreint, et c'est à cette France, non la « France de la quasi-légitimité, mais celle de la souveraineté « populaire, qu'ils adressent leurs invectives; ils la craignent, ils « la menacent; ils se donnent des airs de mépris avec elle; *mais « ce mépris, ce n'est que de la haine, et c'est parce que la France a « toujours dû inspirer cette haine aux gouvernements étrangers, que « nous n'avons jamais voulu croire à leurs protestations d'amitié.* Ces « protestations n'avaient qu'un but, c'était *de gagner du temps, et « on en a gagné. Fasse le ciel que nous n'en ayons pas moins pofité que « nos ennemis.* (Hélas !)

« *La limite du Rhin*, dit la *Gazette de Berlin* (et M. Thiers, « M. Guizot, les d'Orléans et la République), n'a jamais appar-« tenu à la France, ni géographiquement, ni politiquement. Et « sur cela, le JOURNAL PRUSSIEN entre dans des considérations his-

« toriques ; il rappelle les droits de l'antique possession des « branches espagnole et allemande de la maison d'Autriche ; il « se garde bien de remonter assez haut dans l'histoire pour y « rencontrer le règne de Louis XI : il y verrait que la réunion « irrévocable de la Belgique à la France dépendit alors entière- « ment de ce roi, et que ce n'est pas un fait si nouveau que celui « de l'affinité des deux peuples. Géographiquement, il ne s'est rien « passé depuis César qui ait empêché le Rhin de couler entre les « Gaules et le pays des Allemands. C'est toujours la même divi- « sion naturelle. Mais la *Gazette officielle de Berlin* trouve que la « France serait aussi abritée derrière les Vosges, le Jura, les « Ardennes et la Somme, que derrière le Rhin ; et c'est même « pure générosité envers nous, dit-elle, si, en 1814, on ne nous « enleva pas *l'Alsace haute et basse*, *une partie de la Lorraine* et le « territoire qui forme aujourd'hui le département du Nord : *les « puissances le pouvaient.* » (La Prusse seule en est venue à bout... à quand le département du Nord??? *monsieur Thiers* et *messieurs les républicains*, *messieurs les impuissants !!!*)

« Les puissances ont eu tort de ne pas profiter de leurs avan- « tages en 1814, de ne pas nous affaiblir, nous dépouiller plus « qu'elles n'ont fait, nous partager même si elles le pouvaient « alors, car c'était une belle occasion, une occasion qui ne se « retrouvera jamais. (Qu'en pense M. le général Thiers???) *On « avait dirigé toutes les haines de l'Europe sur la tête d'un seul « homme*, *on avait feint de n'en vouloir qu'à lui*, on avait pu se pré- « senter à la France comme amis, comme messagers de liberté et « de paix ; maintenant, qui tromperait-on en France ? » (Qu'en disent MM. Thiers et Guizot, MM. *les républicains*, MM. *les impuis- sants???*)

« A défaut *de la frontière du Rhin*, peut-être les Ardennes, les « Vosges, le Jura, nous couvriraient en seconde ligne. Si MM. les « Prussiens essayent de se présenter dans le pays d'entre Rhin et « Vosges, il se pourra bien, en effet, qu'ils éprouvent la force

« de ces montagnes comme retranchement militaire (?). Mais « ne craignons pas d'affirmer qu'entre eux et la révolution de « Juillet il ne sera jamais signé de paix que quand il n'y aura « plus un soldat prussien sur la rive gauche du Rhin, et que les « conseils de la France auront repris, parmi les États de la rive « droite, l'ascendant qui leur appartient. CE N'EST PAS LA « L'ESPRIT DE CONQUÊTE, C'EST DE L'ESPRIT DE CONSER- « VATION.

« Il faut que la France reparaisse dans les traites, comme « partie contractante, pour *se trouver bien des traités et s'y « attacher* (???). *Une guerre, s'il y en a une, n'aura pas d'autre « effet.* La France a subi pendant quinze ans (*cinquante-six « ans!!!*) les sentences rendues contre elle en 1814, elle veut « appeler de ces sentences, elle veut signer les traités pour « être obligée de les reconnaître, elle n'a point signé ceux « de 1814. » (La République pas une pierre, pas un pouce, a signé ceux de 1871!)

« La *Gazette de Berlin* prétend que si nous venions à posséder « la rive gauche du Rhin, nous serions vis-à-vis de l'Allemagne « dans une situation offensive *que la Confédération germanique ne « peut nous permettre de prendre*. L'épreuve vaut la peine d'être « tentée. » (On l'a tentée contre nous *et elle a réussi..., attendrons-nous encore cinquante-six ans?*)

« En fait de lâcheté, disait Armand Carrel, on ne s'arrête ja- « mais, on va toujours *du plus bas à quelque* chose de plus bas « encore. »

France, comprendras-tu? T'éveilleras-tu à ces questions? N'ayons plus qu'une pensée : refaire la France que nous ont laissée nos pères de la révolution et de l'empire, et alors nous pourrons parler sans honte d'industrie et de commerce; car le commerce et l'industrie ne doivent pas avoir le pas sur tout dans l'État! c'est *la conservation de l'État* qui est la première considération, *tout doit plier devant elle.* Le commerce et l'industrie créent les ressources que les vrais hommes d'État emploient à maintenir, à accroître la grandeur et la puissance de l'État. Louis-Philippe, sa cour, ses hommes d'État, ont voulu inspirer à la France d'autres sentiments. Ces prédications eurent pour résultat funeste de rallier à ces doctrines les républicains; *leur ardeur tomba*, ils ne pensèrent plus qu'au lucre, *au bien-être*, *à la suite des hommes de* 1830. De cet état de choses est né le socialisme.

Avec l'âme altière et forte d'Armand Carrel, s'est envolée l'âme d'un grand parti..., le *parti du désespoir!* Ce parti qui répondait à ceux qui, dans ce temps-là, voulaient aussi se rendre, et demandaient : « Avez-vous donc fait un pacte avec la Victoire? — Non, « mais nous en avons fait un avec la Mort! » et qui, d'un bond, portaient nos frontières jusqu'au Rhin!!!

Ces temps ne sont plus, et 1848 ne nous les a pas plus rendus que 1871.

Carrel mort, la République tomba dans la main des athées, des cosmopolites, des internationaux, doctrines qui se rapprochent bien plus qu'on ne croit des doctrines bourgeoises, sèches et âpres au gain. Le *socialiste n'a qu'une ambition, c'est de devenir bourgeois!* Le socialiste et le bourgeois ramènent tout à l'*intérêt privé*, de là la passion basse qui anime ces luttes!

Carrel mort, les républicains ne pensèrent plus qu'à se faire un levier des plus ignorantes et des plus viles passions populaires, pour arriver enfin à ce pouvoir, qui était pour eux comme *le veau d'or!* Ils ne croyaient pas plus à Dieu qu'à la Révolution, à la République qu'à la Patrie; sots, plats et bornés, ils ne croyaient qu'à eux-mêmes!!!... *et ils étaient moins que rien!*

Mais le peuple, plus ardent qu'eux, renversa un beau jour, *à leur grand étonnement, le grand Louis-Philippe!* Ce ne fut pas un triomphe pour les républicains, *ce fut une vraie déroute;* ne pensant pas un mot de ce qu'ils disaient, ils n'étaient préparés à rien..... mais nous avons revu cela..... c'est ce qu'on appelle en France désormais : LA RÉPUBLIQUE.

Les peuples, pleins encore des grands souvenirs de la Révolution et de l'Empire, se soulevèrent comme en 1830; les républicains les abandonnèrent une seconde fois à leurs maîtres féroces... *ce fut peut-être cette fois par conviction!* Ils se plongèrent dans la question sociale, *ils la firent naître;* ils aimaient mieux tout que d'agir en Europe! Et ils ne surent faire qu'une chose pour ce peuple, leur prétendue idole, qui leur avait donné la victoire... *le massacrer...* mais nous avons revu cela... c'est ce qu'on appelle en France désormais : LA RÉPUBLIQUE.

La France alors, fatiguée de tant d'ineptie, de cruauté et de bassesse; la France, à qui on venait de rendre ce suffrage universel, qui lui avait déjà servi à mettre Napoléon à sa tête, retourna à lui; elle mit ce nom à la tête de la République; comme elle vota encore pour lui plus tard, pour se débarrasser de cette République..... Que lui restait-il donc à faire? On l'en blâma..... La suite devait bien nous prouver que ce fut, au contraire, *un coup de génie!* Le règne de Napoléon III, sans doute, n'est pas parfait, loin de là, mais qui donc sur terre est parfait? *Seraient-ce par hasard les républicains?* Passons, ces temps-ci sont trop sérieux pour admettre *la farce!* Ce règne même, hâtons-nous de le dire, car c'est la vérité, ce règne, comme l'a dit modestement Napoléon III lui-même, *ne fut pas sans gloire.* Depuis 1815, c'était la première fois que la France respirait!

Il faut le dire hardiment aujourd'hui devant ces Légitimistes, *ces Orléanistes, ces Républicains* qui se croient triomphants, parce que la France a été battue, et qu'ils ont remporté les victoires de mai!!!

Allons, allons, nous sommes décidément parlementaires et doctrinaires *depuis* 1815, *depuis* 1830 et *depuis* 1848, et depuis 1871; nous parlementons dans toutes les acceptions du mot. La chute de Sedan, préparée par tous les lâches conseils d'une opposition avilie, n'a été que la malheureuse avant-courrière de celle de Metz et de Paris. *Partout l'on parlemente!* Et toutes ces redditions remplissent d'un juste orgueil tous les parlementaires, les doctrinaires et les républicains de 1848, et aussi de 1871. Vous êtes glorieux à votre manière! *La gloire de l'aplatissement savouré!* Vous l'aviez prévu... N'était-ce donc pas le moment de se féliciter, *de se congratuler, de s'admirer... vous l'aviez prévu!...* mieux que cela... *vous l'aviez préparé*, et cet homme, *Napoléon III*, ne pouvait plus vous échapper, vous le traquiez, et il devait tomber, selon vous, *dans la rue, ou à la frontière.* Sans cela, vous auriez dit au pouvoir d'armer, de se préparer à cette guerre désormais inévitable, *et dont on n'était plus maître de choisir à son gré le moment!* Mais non, cette guerre était votre *cauchemar.....* Vous n'aviez plus qu'une peur, c'est que l'empire ne remportât la victoire!.... Votre sottise en serait morte de honte et d'envie! Le souvenir des victoires de Magenta et de Solférino vous effrayait.... *S'il allait être vainqueur?* disiez-vous pâles d'effroi, qu'allons-nous devenir? où faudra-t-il nous cacher??? S'il donne le Rhin et la Belgique à la France, comme il lui a déjà donné Nice et la Savoie, *c'est fait de nous!*

Rassurez-vous, gent vile, sotte, impuissante, bavarde et vaine... *l'Empire a été battu..... et la France avec lui! Félicitez-vous donc, congratulez-vous donc, admirez-vous donc*, GRANDS HOMMES de 1815, *de* 1830, *de* 1848 *et aussi de* 1871. Ces révolutions qui tuent la France, et qui la font toujours tomber *plus bas, plus bas, encore plus bas, toujours plus bas;* ces révolutions qui la mènent au gouffre où iront s'engloutir *son honneur et sa nationalité!...* CE SONT VOS ŒUVRES!

Et cependant, les parlementaires nous faisaient de bien belles phrases aux chambres. Où est le temps où M. Thiers s'écriait: « Je placerai mon vaisseau sur le promontoire le plus élevé du « rivage, et j'attendrai que la mer soit assez haute pour le faire « flotter. » Et la République l'a fait flotter, ce beau vaisseau; mais il a amené en sanglotant son pavillon, et il est désemparé..... *comme l'on comprend que vous deviez tous être fiers de vos œuvres!*

Mais que dis-je! la chute de la patrie, c'est encore une affaire...

et *quelle affaire!*... EMPRUNTER CINQ MILLIARDS! *Jamais l'Empire, quoi qu'on en dise, n'a eu de pareilles affaires*! Parlez-moi de cela... Voilà des jours où l'on peut *utilement* déployer son patriotisme. Aussi, on fait fi de la souscription publique, *on la décourage*. Il ne manquerait plus que cela, vraiment, venir vous gâter cet aimable tripotage!!! Et *on soigne*, *on arrange cette petite affaire*, avec tous les banquiers de la terre et du ciel, et, pour la mener à bien, *et pour leur être agréable*, *et être agréable à tout le monde*, on prolonge d'un an l'occupation du pays! Admirable, admirable vraiment!

M. Jules Favre disait, lui : « Est-ce pour maintenir la paix qu'on « promettait les frontières du Rhin à tous les esprits exaltés? Est-« ce un mystère pour personne, que l'on parlait en certains lieux, « en certaines occasions, d'Anvers, et de l'Escaut, et qu'il a fallu *le* « *mécontentement de l'Angleterre* pour faire cesser de pareils COM-« MÉRAGES? » Ainsi, parler à la France de ses frontières... c'était du COMMÉRAGE!!!

Joignez donc votre mécontentement à celui de l'Angleterre, ô patriotique opposition! J'aime à me rappeler à ce propos les instructions de Bonaparte à son agent à Venise : « Toutes les fois que « l'Angleterre se prononcera sur une question, vous vous prononcerez violemment et immédiatement dans le sens opposé; vous « n'avez pas besoin d'autres instructions. » Il est vrai qu'il avait affaire à William Pitt qui s'écriait de son côté : « Plutôt que de « céder *sur le droit de visite*, je m'ensevelirais au plus profond des « mers, dans les plis du dernier pavillon! » Et ils ont tenu haut tous deux le pavillon de leur pays! *Qu'avez-vous fait, vous, de celui de la France en face de M. de Bismark?* Et devons-nous donc, nous, FRANCE! céder toujours le champ, tantôt à la Prusse, tantôt à l'Angleterre? Il fut un temps où nos gentilshommes, nos républicains avaient d'autres visées!

On nous parle, il est vrai, de la *modération* et de l'*humanité*. On sait quelle est l'*humanité* de nos ennemis; voyons donc quelle est leur modération? Je prends au hasard deux articles des journaux anglais, ils sont instructifs : « *Depuis* 1815 *la* « *Grande-Bretagne,* qui a *conquis définitivement la suprématie* « *maritime et coloniale* qui était le *but naturel de sa politique,* au- « rait peu de chose à gagner et beaucoup à perdre dans une « lutte avec la France. Le peuple anglais le comprend, et autant « il était *hostile à la France* il y a *soixante ans, autant il se montre* « *aujourd'hui désireux de conserver ses bons rapports avec elle.* » Voici ce qu'on lit dans les journaux anglais, c'est à nous de les comprendre. Et voici un autre article du *Standard, le journal de l'aristocratie anglaise,* écrit pendant la dernière guerre, qui montre où nous en sommes arrivés en Europe, avec notre ignorance démocratique et notre abominable incurie de nos affaires; et qui explique ce que l'Angleterre entend par ses bons rapports avec nous : « L'Angleterre a un titre particulier à être consultée « sur les conditions de la paix. ELLE A EMPLOYÉ SON INFLUENCE A « EMPÊCHER TOUTE AUTRE PUISSANCE DE PORTER SECOURS A LA FRANCE. « Le Danemark, l'Autriche et l'Italie voulaient appuyer la « France. L'ANGLETERRE A OBLIGÉ CES PUISSANCES A DEMEURER « NEUTRES. Peut-être, en agissant ainsi, a-t-elle servi les intérêts « de l'Europe (*l'Europe de* 1815!), *mais il est certain que l'Angle-* « *terre a aussi* PUISSAMMENT AIDÉ L'ALLEMAGNE. Car sans cela la vic- « toire de l'Allemagne N'AURAIT PAS ÉTÉ AUSSI COMPLÈTE. Un pa- « reil *service rendu à l'Allemagne* donne à l'Angleterre le droit et « le devoir d'intervenir maintenant *dans l'intérêt de l'Europe* « (*l'Europe de* 1815!) afin d'obtenir pour la France *des conditions* « *équitables.* (*Et Tartufe?*)

« L'Angleterre a contribué *matériellement* à mettre l'Allemagne « en position *de dicter ses conditions.* L'Angleterre peut donc dire « au roi Guillaume : « *Votre victoire est en grande partie le résultat* « *de ma politique.* Je réclame de vous la *modération,* je vous de- « mande de faire que cette victoire ne devienne pas *un désastre* « *pour moi.* » (*Quel commérage!... Hein?*)

« L'Angleterre est obligée d'empêcher que les neutres *souffrent* « *de la neutralité qui leur est imposée par elle.* Elle a aussi l'obliga- « tion d'empêcher que SON ALLIÉE (et Tartufe?) subisse les con- « séquences de cette politique. Le devoir de l'Angleterre est d'ob- « tenir de la Prusse des conditions qui permettent à la France de « regagner sa prospérité et sa grandeur ébranlées (ô merci!) « et de rester toujours une puissance de premier ordre et L'AL- « LIÉE EFFECTIVE DE L'ANGLETERRE (*je copie!*), une puissance ca- « pable d'opposer *un formidable obstacle à la domination de l'Al-* « *lemagne et* AUX AGRESSIONS ÉVENTUELLES DE LA RUSSIE. » Nous avons vu quels étaient les commérages de l'Empire, voici ceux de l'Angleterre. J'aime mieux, quant à moi, ceux de l'Empire. Ils prouvent que malgré l'aveuglement qui avait présidé à la guerre de Crimée, on pensait encore, sous cet Empire si maudit, à ce qu'aurait dû être *la grandeur et la puissance de la France!*

Et cependant l'opposition, qui disait toutes ces *belles choses modérées*, couronnait à l'Académie française, cette assemblée dite *auguste*, des ouvrages *sur les frontières naturelles de la France!* et M. Duvergier de Hauranne nous dit : « Pense-t-on que la France « ait abjuré l'idée de reprendre un jour sa frontière naturelle, et « d'assurer ainsi par une barrière solide son existence et sa puis- « sance nationale? S'il est dans le pays une *idée impérissable,* « *éternelle,* une idée qui survive à toutes les constitutions comme « à toutes les dynasties, c'est celle-là; elle pourra quelque temps « sommeiller; *rien ne l'arrachera du cœur de la France!* » Et puis on nous dit : l'anarchie règne dans les esprits; c'est *le moral* de la nation qui est malade... En êtes-vous bien sûr, ô docte, ô catholique, ô pédagogique, ô *auguste* assemblée ???

Qu'il est triste d'être contraint à admirer toutes ces belles paroles vides, et d'en payer l'enjeu au détriment de son pays, et de *soi-même,* qu'on n'en sépare pas! Mais il nous reste *encore* (?) la liberté de juger *librement* ces beautés... *usons-en largement*... que ce soit comme un dernier hommage à la liberté *compromise*, c'est le devoir, car « *rara temporum felicitas ubi sentire quæ vis et quæ* « *sentias dicere*... » disait Tacite.

Avertissons le pays, qu'il sente, si faire se peut, ces choses avec amertume, et il sera sauvé, *s'il le veut*. Qu'il sache *dicter* seulement, à tous ces misérables qui l'exploitent sans cesse, ce qu'il faudra *dorénavant dire pour lui plaire et mériter ses suffrages !!!* Qu'il sache que les parlementaires, les doctrinaires et *leurs valets* depuis 1848 et 1871, les républicains, avaient tout sacrifié à ce programme, que veut bien nous révéler le grand prêtre, *l'austère Guizot* : « Ils ne « désiraient pour la France *aucune extension de territoire,* aucune « conquête; *ils la trouvaient assez grande et assez bien constituée* « *pour n'avoir rien à craindre de personne, ni rien à envier à per-* « *sonne.* Ils regardaient *la fondation du gouvernement libre* COMME « LA GRANDE AFFAIRE NATIONALE DE NOTRE ÉPOQUE, et la paix euro- « péenne comme une *condition essentielle de notre prospérité* et de « notre succès dans le régime *nouveau et difficile* que nous avions « entrepris d'établir. » Ainsi les doctrinaires, les parlementaires et leurs valets, les républicains de 1848 et 1871, avaient tout sacrifié, même l'existence nationale, LA VRAIE GRANDE AFFAIRE NATIONALE DE NOTRE ÉPOQUE DEPUIS 1815, à ce beau rêve : *le parlementarisme bavard !*... et on nous parle *de commérage !!!* Mais non, c'était la bassesse d'âme qui faisait oublier ces fières paroles de Carrel : « Le gouvernement doctrinaire, *en particulier*, *a compromis jus-* « *qu'au langage de la liberté en le faisant servir à ses déceptions ;* « mais le gouvernement doctrinaire a compromis aussi, *comme em-* « *blème d'émancipation européenne, le drapeau tricolore; il eût fait* « *des aigles impériales un symbole d'avilissement national, s'il lui eût* « *été donné de les attacher à ses drapeaux.* » Carrel, vos fières paroles sont notre triste consolation... *saviez-vous donc si bien dire ?*

Et, comble de misères ! lorsqu'ils eurent obtenu ce gouvernement de bavards, sous ce malheureux Empire qui n'en pouvait mais ; lorsqu'ils eurent les libertés nécessaires ; la presse l'*insulta*, le *vilipenda et dépassa toutes les limites permises*. Et je veux encore citer un article de Carrel sur la liberté de la presse : « Le roi n'est « qu'un homme comme un autre, et c'est pour cela qu'il n'est in- « violable à l'égard de la presse que comme l'est tout citoyen, « tout père de famille, tout honnête homme. On dispute « contre nous absolument comme si nous disions qu'il est en « France un homme doté d'une liste civile de douze millions, « pour être insulté et conspué de ses ennemis sans avoir droit de « se plaindre. Une législation qui consacrerait *cette immolation de « tous les jours, ce crucifiement, cette passion de toute une vie,* comme « la compensation des douceurs que procurerait une magnifique « subvention annuelle, une telle législation *serait immorale et « barbare,* et celui qui porterait une couronne à de telles condi- « tions *n'aurait pas d'âme.* »

Lorsqu'on en fut arrivé là avec l'Empire, on ne l'avertit pas davantage *des périls qu'il courait avec la France*, vis-à-vis de cette Prusse tous les jours plus menaçante... non, on choisit ce moment pour prêcher au pays une modération imbécile ; et on le renversa parce qu'il n'avait pas su être prêt... et parce qu'il était vaincu... *était-ce bien lui qui était vaincu?* Vous l'aviez prévu, dites-vous, pourquoi donc alors ne disiez-vous pas : « Armez ! armez ! Il y va « du salut de la patrie ! » Et pourquoi ne vous rappeliez-vous pas de ces paroles de Lamarque : « Mais le droit de la Chambre, me « diriez-vous, la liberté avant tout ! Non, Messieurs, *avant tout « l'indépendance !* »

Il est bien temps vraiment de venir nous parler en un magnifique langage, qui ne nous en fait que plus de mal, comme l'a fait M. Victor Hugo à Bordeaux, *de Mayence, Coblentz, toute la rive gauche du Rhin!* Ah! songiez-vous à Carnot, accouru en 1815 pour s'enfermer *à Anvers*, et qui ne le rendit à la coalition que lorsque Napoléon fut tombé ? Ne voyez-vous pas que la passion vous a tous égarés, *vous avez voulu tuer l'Empire...* ET SI VOUS AVIEZ TUÉ LA FRANCE??? Cette inquiétude doit hanter vos nuits??? Et M. Victor Hugo cependant s'étonne et demande :

Pourquoi *la douceur et la justice d'un seul* semble à tous une offense.

Et s'il se sent d'ailleurs un peu coupable, il s'écrie :

COUPABLE AUSSI, MOI, D'INNOCENCE !

Il est bien doux... *pour lui*, M. Victor Hugo ! Et puis que veut dire cette distinction, à propos des 7,500,000 suffrages obtenus par l'Empire, entre la *foule et le peuple ?* Il est bien difficile de la comprendre. Ce vers : « *Otez Napoléon, le peuple raparaît*, » pourra peut-être nous y aider. Cela veut dire sans doute : « Après Napoléon... *la commune de Paris !* » Et nous voyons précisément ce peuple, cette *foule* (car M. Victor Hugo dit ici *foule*, ne se rappelant pas qu'il a dit, qu'il ne confondait pas *la foule et le peuple*, à propos du plébiscite !) dont il voudrait voir *la statue* remplacer sur la colonne celle de Napoléon, ne pouvoir jamais se passer de chef.

La garde nationale à Paris, lorsque le drapeau rouge flottait au balcon de l'hôtel de ville, proclama aussitôt le général Garibaldi pour son chef...... toute votre doctrine : « LA POURPRE AU PEUPLE ! » Et cependant vous avez reculé tous les deux devant cette saturnale, et le général n'a pas voulu, n'a pas osé entrer à Paris, comme il était entré à Naples..... a-t-il bien fait ?... QUI LE SAIT ?

Mais puisque vous ne vous sentiez ni le bras, ni le cœur, ni l'âme, pour dompter et conduire cette saturnale, pourquoi l'avez-vous évoquée dans vos rêves ? Pourquoi avez-vous laissé, au jour du combat, vos soldats sans chef ? Vous, monsieur Hugo, qui disiez naguère, avec Fombertau : « Qu'il fallait charger son fusil *et attendre l'heure !* » *Et l'heure était venue*, et vous n'êtes pas venu !

Cette vision, *vraie cette fois*, vous a donc glacé ?... vous vous êtes donc SENTI RIEN ?.... un jour ! *Un fugitif jour*, OLYMPIO S'EST SENTI RIEN !!! Vous ne devez pas avoir pardonné cela au peuple.

Et puis *vos rêves* allaient plus haut ; oui, il faut vous rendre cette justice : « *vous n'êtes pas matérialiste !* » J'ADMIRE CELA. Et vous *faites vos petits enfants catholiques, apostoliques et romains!* en leur donnant pour parrain et marraine... JE M'ARRÊTE ÉPERDU pour admirer aussi cela... *Madàme Jules Simon* et *Monsieur Rochefort.* Et l'on nous dit toujours : « Nous vivons dans des temps d'anarchie ! »

Aujourd'hui que tous ces événements vous ont causé une juste horreur, vous donnez de bons conseils au peuple :

« Mais ne vous laissez plus entraîner! résistez!
« Résistez, *quel que soit le nom dont il se nomme,*
« *A quiconque vous donne un conseil contre l'homme;*
« Résistez aux douleurs, résistez à la faim,
« *Si vous saviez combien on fut près de la fin!* »

Ces conseils n'ont qu'un tort.... *de venir un peu tard !* et *lorsque toutes les haines sont déchaînées !* Plus tôt, *venant d'une bouche autorisée,* ils auraient peut-être eu un effet salutaire... mais alors, que dis-je, on exaltait auprès des simples le souvenir de MARAT, DANTON et ROBESPIERRE !

Et devait-il d'ailleurs exister une opposition, en France, depuis la guerre d'Italie. Bien *secondée*, cette guerre devait tout nous donner : nos frontières des Alpes, et des alliés pour ravoir nos frontières de l'Est. Mais la France révolutionnaire s'est tout à coup émue *pour le pape !* Et c'est M. Thiers et M. Berryer qui ont arraché ce fameux *jamais* à M. Rouher, et qui l'ont poussé à Mentana. Et cependant M. Thiers avait dit autrefois à M. Guizot, qui penchait vers l'Autriche : « Maintenant, la « politique que vous abandonnez, *je voudrais que l'opposition fût* « *assez puissante pour la réveiller...* et si ma voix pouvait être « écoutée par les Italiens, je leur dirais : *Soyez unis, peuples,* « *princes, soyez unis !... Que toutes les populations qui s'étendent* « *de Turin à Florence, à Naples, à Palerme, forment un seul tout,* « et qu'elles se présentent à l'ennemi commun, ayant à leur tête « Pie IX avec les clefs de saint Pierre à la main, et Charles-Albert

« avec la vieille épée des ducs de Savoie. *Dans cette attitude vous* « *serez respectés*. Mais s'il en pouvait être autrement ; si l'on « voulait attenter à vos droits et à votre indépendance, croyez-« le bien, *le cœur de la France n'est pas glacé*. Oui, la France est « vieille de gloire, mais elle est jeune de cœur, et si elle reconnais-« sait clairement quelque part la liberté et l'indépendance de « l'Europe menacées, *vous ne la trouveriez pas dégénérée*, car elle « n'est dégénérée que dans l'opinion de ceux *qui la croient faite à* « *leur image !... Et ce jour-là vous seriez sauvés !* » On voulait sans doute *les libertés nécessaires pour dire toutes ces belles choses*. Mais agir ? On ne se réservait *d'agir* que pour nous faire perdre, en *faveur du pape*, l'alliance italienne. Et puis aujourd'hui qu'on nous a fait perdre cette alliance, on nous dit *d'un air inqualifiable* : « Trouvez-en des alliances. »

Armand Carrel avait dit, lui, en parlant des cruautés de l'Autriche au Spielberg : « Et voilà les gouvernements vis-à-vis des-« quels nous nous croirions liés par les traités de la *Sainte-* « *Alliance !* Périsse jusqu'au nom de la France si votre glorieuse « révolution pouvait s'arrêter en chemin et n'être pas l'affranchis-« sement de l'Europe entière, la ruine de l'exécrable forme de « gouvernement qui laisse impunies, qui couronne et entoure de « vénération de telles horreurs. »

M. Gladstone devait plus tard aussi peindre les horreurs qui se passaient dans les prisons du roi *Bomba* à Naples ! (*Mais à l'anglaise !* car nous avons appris par le *Times* que l'Angleterre n'avait à donner ni *une guinée ni une goutte de sang* pour une pareille cause !) Rien n'y fit !

En France ceux qui demandaient *les libertés nécessaires s'apitoyaient sur le sort de l'auteur du Syllabus !* Cavaignac lui-même n'avait-il pas été au secours du Saint-Siége ? Où donc est la tête de la France ??? La politique suivie avec l'Italie nous traçait celle qu'il nous restait à suivre avec la Prusse. L'Italie nous avait remis nos frontières du Sud : Nice et la Savoie, pour prix de son indépendance ; l'Allemagne devait nous payer notre neutralité au prix des bords du Rhin et de la Belgique, et au premier coup de canon tiré entre la Prusse et l'Autriche, on devait occuper immédiatement les provinces du Rhin et la Belgique. Bien des gens ont cru que l'Empire allait le faire. C'était cette politique qu'il fallait *indiquer*, IMPOSER au gouvernement. Non-seulement on ne le fit pas, mais on n'employa les libertés nécessaires qu'à prêcher une politique opposée. Et puis les partis pensaient bien à la France, on ne pensait qu'à la succession de cet empire qui avait eu cependant 7,500,000 voix au plébiscite. Mais il s'agissait bien de voix pour tous ces gens-là. Les uns pensaient à Henri V, les autres à Louis-Philippe II, les autres à la République de 1848.... A la France qui y pensait?... l'Empire seul, *mais mal !* Est-ce tout à fait sa faute, et la France l'a-t-elle averti pour qu'il en fût autrement ?

Napoléon III, depuis Napoléon Ier, est encore celui de nos gouvernements qui a le plus fait pour la cause de la révolution. *Il a agi* où les autres gouvernements *ont parlé*. Il a secouru l'Italie : *cet acte le place à la tête de la civilisation.* Si dans cette question il a rencontré le catholicisme, quels sont les partis en France qui ont su, qui ont pu sortir du catholicisme? Il semble, au contraire, que la légitimité, que l'empire, que les d'Orléans, que la république, dont *la bonne moitié est athée,* se le disputent à l'envi. Ne nous reste-t-il donc plus la force nécessaire pour accomplir une réforme religieuse plus urgente tous les jours? L'Angleterre, l'Amérique, l'Allemagne, la Suède, la Hollande, la Suisse, la Russie même, ont su se séparer du catholicisme. La France veut-elle donc sombrer avec lui? Et peut-elle s'étonner de ce qui arrive au temporel romain, elle qui, depuis longtemps, a tout fait pour détruire le spirituel romain? Comment la France, ce philosophe humain qui allait délivrer l'Italie, a-t-il, à propos de la question papale, perdu tout le bénéfice de son entreprise : l'*alliance de l'Italie contre la Prusse?* Comment refaire cette alliance cimentée à Magenta, à Solférino? N'est-ce pas celui qui a remporté ces victoires qui seul peut nous la rendre?

La république est cléricale ou athée, et sans patriotisme d'aucune sorte. Elle est déroutée par les imbéciles qui la composent. Henri V, c'est la papauté du moyen âge, désormais infaillible. Les d'Orléans, ce n'est plus qu'une honteuse intrigue qui se cache. Il ne reste donc que l'empire; mais comprend-il son rôle? On en pourrait douter, à lire la presse qui le soutient; mais il ne dépend pas de cette presse de détruire les œuvres passées.

Oui, l'empereur, lors de la proclamation de Milan, parlait, au nom de la France, le plus noble, le plus haut langage! Il faut que cela se sache et se dise aujourd'hui, nous en avons assez des bavardages et des songes creux! *Nous savons où tout cela conduit!* Je vois deux écueils : Rome et le drapeau rouge. J'aurais peut-être compris l'empereur refusant à Garibaldi l'entrée de Rome, mais seulement pour y laisser entrer Victor-Emmanuel, et en y mettant pour simple condition : *Une armée italienne sur le Rhin?* Cette politique peut se reprendre demain. Je ne crois pas les Italiens bien sûrs de l'Allemagne. Les Italiens sont fins : ils aimeront toujours mieux l'alliance des vainqueurs de Magenta et de Solférino. L'*Opinione*, l'ancien journal de M. de Cavour, disait, pendant la guerre avec la Prusse : « La puissance exagérée de la France est un mal, une gêne, un « ennui pour l'Italie ; *l'humiliation de la France, ce serait la ruine « de l'Italie.* » Et puis, pourquoi donc nous donnons-nous le ridicule d'être plus catholiques que les Italiens? et cela après le dogme de l'Immaculée Conception, après le *Syllabus* et après la proclamation de l'Infaillibilité papale... c'est vraiment trop fort! Et cela suffirait à expliquer le désordre qui règne dans tous les esprits.

N'est-ce donc pas depuis longtemps déjà que nous avons vu les conciles se corrompre et ne devenir qu'un instrument docile aux mains de la papauté? Mais il restait l'Evangile et Platon, les chrétiens les relevèrent et en appelèrent des papes et des conciles au Dieu pur de Jésus, de Platon et de la philosophie. Ce fut *la réforme;* elle apporta au monde *la Révolution et la liberté!* La papauté lui opposa les jésuites, « cette bande organisée d'hypocrites « et de fourbes, sans loi morale, sans Dieu, en conspiration per« manente contre le genre humain » (disait Lamennais), les dominicains et la damnation éternelle. L'Allemagne, la Hollande, l'Angleterre, la Suède, la Suisse, et plus tard l'Amérique, n'en embrassèrent pas moins *la réforme.* Le monde commença à respirer, il *redevenait chrétien et philosophe!*

La révolution française arriva, *fille de la réforme*, inspirée par elle (nous avons vu ce que Voltaire et Rousseau en pensaient) ; *elle tourna court cependant dans la tourmente*, grâce à l'esprit léger de la France, et aussi à ses anciens préjugés. Rome, elle, resta toujours la Rome impériale et papale, et c'est elle que nous venons de se voir proclamer infaillible, à la voix du dernier concile, en nous donnant le *Syllabus*, *cette charte des temps éternels!* Mais la révolution, de son côté, avait erré en proclamant la souveraineté absolue de l'homme, tandis que l'homme n'est pas souverain absolu, et que partout dépendant plus ou moins de l'homme, il n'a pas que des droits, mais aussi des devoirs. Sieyès disait : « Les pou« voirs illimités sont un monstre en politique ; puisse le peuple « français ne pas commettre à l'avenir une si grande erreur ! Il « n'a pas lui-même ces pouvoirs, ces droits sans limites que ses « flatteurs lui attribuent. Les individus, quand ils forment une « association, ne mettent pas en commun tous les droits que chacun « possède, ils y mettent seulement ce qui est nécessaire pour main« tenir chacun *dans ses droits et dans ses devoirs*... La souveraineté « illimitée du peuple est une conception *royaliste et monacale*, une « conception destructive de la liberté *et ruineuse de la chose pu« blique comme de la chose privée.* »

La révolution française, qui fut une victoire sur la monarchie et la papauté, l'oublia trop, elle ne fit que la constitution politique des droits, tandis qu'elle aurait dû faire aussi la constitution religieuse des devoirs. Elle devait créer, que dis-je? elle devait AVOUER une religion qui inspirait d'ailleurs tous les actes de ses grands chefs, de ses grands inspirateurs : « La croyance en une divinité « créatrice, consolatrice et protectrice. L'Évangile *progressif* de « Jésus, de Platon, de la réforme et de la philosophie, prêché aux « hommes. » *C'était la religion des temps nouveaux!* On sut la faire respecter en Angleterre, en Allemagne, en AMÉRIQUE! Mais chez nous tout alla à la dérive.

Aussi nous voyons tous les jours de pitoyables imbéciles se mettre à la place de tout ce qui a véritablement pensé sur notre planète, et nous offrir impudemment toutes les stupidités qui peuvent sortir de leurs cerveaux corrompus, comme les produits de je ne sais quelle science nouvelle qui, ne voulant plus contempler l'avenir de la terre du haut des promontoires de la Judée et de la Grèce, descend au plus profond des cavernes pour y trouver la preuve que nous ne sommes que des singes... *pervertis.* Et nous voyons la foule ignorante prendre ces *brouillards épais pour le jour du ciel même!* Et les hautes classes, qui sont restées avec Rome, laissent cette foule ignorante, non-seulement sans guides, mais encore l'exaspèrent par cette attitude, qu'on sait hypocrite.

La moralité ne peut naître d'un tel état de choses; c'est le plus abominable désordre qui en découle *et qui en découlera!* C'est aux hautes classes à savoir ce qu'elles doivent faire; elles l'ont su en Angleterre, en Allemagne, en Amérique. *Prenons bien garde à nous!* la moralité, la probité de l'avenir sont à ce prix. Les hommes ne peuvent en vain se nourrir d'hypocrisie et de mensonge, nous le voyons bien... Qu'attendons-nous pour nous réformer?... d'*être pires encore?* Laissons là Rome et ses pratiques qui déshonorent la religion et l'humanité.

Doit-on nécessairement appuyer l'idée de la Divinité *sur la superstition?* N'y a-t-il pas une conception de la Divinité plus haute, plus ferme, plus grande, plus vraie? La réformation n'a-t-elle pas mis le genre humain dans cette voie? Inspirons-nous donc du grand Dieu de Jésus, de Platon, de la réforme et de la philosophie; pour retrouver la SINCÉRITÉ, sans laquelle il n'y a pas de *moralité vraie*, de probité possible parmi les hommes.

Et la prétendue constitution républicaine qui nous régit, qu'on le sache donc bien, sera plus que tout autre MÉPRISABLE, tant qu'elle ne se réclamera pas de la réforme sa mère, qui a présidé à la révolution d'Angleterre et qui gouverne aujourd'hui cette Amérique, dont nos démocrates parlent toujours, quittes à ne pas l'imiter dans ce qui paraît les gêner le plus... *prendre quelques engagements avec leur conscience!*

Lorsque nos pères proclamaient *la liberté de conscience* en 1789, ils y croyaient à cette conscience, puisqu'ils en proclamaient la liberté; et ils pensaient qu'éclairée désormais elle saurait reconnaître son meilleur point d'appui : DIEU! *Être elle-même, en un mot!* Ils pensaient que le genre humain, arrivé à cette heure de 1789, serait désormais hors d'état de fausser *la conscience du genre humain!* Eh bien, quand je vous entends, vous, prétendus libéraux, prétendus républicains, vous m'effrayez, et je sens la terre manquer sous mes pas, comme je vois le sol de ma patrie disparaître! et je crois que nos pères se sont trompés! Non pas, grand Dieu! que je mette jamais en doute *la conscience et Dieu!* Mais je crois que *la conscience du genre humain ne pouvait* pas encore être livrée à elle-même *en France*, et que ce sont nos prétendus penseurs et vous *qui aidez Rome à fausser la conscience du genre humain!*

Vous aidez tous les restes honteux des anciens partis à se rattacher hypocritement à une religion condamnée par le genre humain. Cette religion, qui avait englouti sous ses infâmes pratiques les sublimes préceptes du Christ! et c'est grâce à vous qu'on ose encore nous vanter l'Inquisition, les moines et les beaux jours de la papauté! C'est le public que vous dégoûtez, que vous écœurez, qui écoute toutes ces abjections. Et ce sont tous ceux qui restent dans le catholicisme, en le méprisant, qui sont responsables de toutes ces hontes sans nom! Ce sont eux qui encouragent l'*iniquité*, et ils viennent ensuite nous parler du trouble moral qui règne dans les esprits! Ce trouble, ce sont eux qui le fomentent! Et surtout qu'on ne vienne point parler ici du peuple; c'est vous, libéraux et républicains, qui avez le plus faussé ses idées. M. Odilon Barrot (il prépare ses... *discours au conseil d'Etat*), nous l'avons déjà vu, ne disait-il pas un jour que la loi devait être athée, l'État athée! et vous avez eu bientôt la commune athée de M. Proudhon!... Et vous osez vous en prendre au peuple du résultat de vos divagations? En Angleterre, aux États-Unis, en Allemagne, la loi n'est pas athée, IL NE SERAIT PAS PERMIS MÊME DE LE DIRE!

Le parlement, aux États-Unis d'Amérique, s'ouvre par une prière au Très-Haut, et personne n'en est choqué. C'est que ces hommages s'adressent au Dieu pur de Jésus, de Platon, de la philosophie, à ce Dieu qui hier bannissait l'esclavage de l'Amérique! tandis que vous, prétendue assemblée républicaine, lorsque vous avez décrété des prières et que vous y assistez en corps, l'évêque de Versailles vous accueille en vous disant : « *Vous venez « ici faire acte d'adhésion et d'hommage au catholicisme!* » Quelle sincérité de part et d'autre! Et ces paroles s'adressent à MM. de la droite, aussi bien qu'à MM. de la gauche; à MM. Thiers, de Rémusat et Jules Simon, ministre... *des cultes*. Ces messieurs se sont-ils donc convertis au Dieu catholique, apostolique et romain? M. de Rémusat nous disait cependant jadis « que la France a « voulu introduire, dans le monde européen, *à défaut de la liberté « historique, la liberté philosophique, et que de l'audace de la tenta- « tive résulta sa grandeur et provint son péril.* » Nous ne voyons que trop, en effet, tous les jours, le péril de la liberté philosophique introduite dans le monde. Mais la *grandeur* et surtout l'AUDACE de cette tentative nous échappe, en voyant *cette muette adhésion* donnée par un homme qui, jusqu'à ce jour, *avait passé pour un illustre philosophe*, au représentant des dogmes romains du *Syllabus* et de l'Infaillibilité papale.

Quel homme, jouissant de sa raison et de son indépendance, pourra jamais penser que la meilleure manière de combattre *les périls de la liberté philosophique serait de faire acte d'adhésion aux doctrines de Rome! et cela au dix-neuvième siècle!* Est-ce ainsi qu'on refait les empires? Puiserions-nous là la force, l'énergie, la virilité qu'il va falloir déployer pour rentrer dans la possession de la patrie morcelée de nos pères? L'indifférence et le dégoût, la corruption et le mépris, voilà les fruits de pareilles pratiques.

Donnez donc à la France; donnez, donnez donc à vous-mêmes, hommes d'État prétendus : *un Dieu, une foi, une loi,* avant de lui donner et de prendre des armes, et alors, un jour peut-être, la France rentrera *dans les limites morales que l'on ne doit jamais franchir, et rentrera dans les limites naturelles* que lui a tracées la nature : LE RHIN ET LES ALPES ! Et son drapeau flottera libre et grand, en face du drapeau libre et grand de la fière Angleterre, et du drapeau étoilé de l'Amérique puritaine, et du drapeau tricolore aussi (pourquoi?) de la libre Allemagne ! Tout autre destin serait indigne de la France, *la nation* RÉDEMPTRICE qui, hier, délivrait l'Italie. Sachons tous que la plus pure des gloires de la France, qui les a eues toutes à l'excès, c'est qu'elle peut dire au genre humain : « Oui, j'ai été vaincue, mais j'ai souffert pour toi, et *je t'ai délivré et éclairé* aux jours de ma puissance. » Et je veux parler ici non-seulement des grands jours de 1789 et des grands jours purs des victoires immortelles de Bonaparte ; je veux, laissant Napoléon avec Louis XIV, parler de ce Napoléon III qu'on a trop accablé ! N'est-ce pas lui qui a délivré l'Italie? N'est-ce pas là ce qui reste de plus pur à la France? La Prusse peut-elle aujourd'hui en dire autant?

Cette victoire d'hier, c'est la victoire de demain, et la victoire qui planera sur les âges, si nous devons jamais périr comme nation. Soyons donc indulgents pour cet empereur! Il a été inconséquent, criminel, nous dit-on, après Magenta, Solférino, *Castelfidardo... Mentana.* Mais qui donc vous dit cela?

Ces républicains de 1848, qui ne savent plus que parler comme les parlementaires de 1815, les doctrinaires de 1815. Ces républicains qui avaient déjà secouru le pape contre la république romaine, qui avaient immobilisé leur prétendue armée des Alpes, osent-ils donc, à la face du ciel, nous tenir un aussi prétentieux langage ? Ils ont trahi par leur imbécillité et leur impuissance, je le veux bien, toutes les aspirations, tous les sentiments de la patrie.

Ils n'ont su parler à cette race, en présence des envahissements de la Prusse, que de son bien-être, que de sa richesse, que de sa jouissance; et ils viennent juger Napoléon III, qui, lui, au moins, a su mêler à ces choses le souvenir de Solférino ! Mais, oui, lui aussi a été infidèle. Mais est-ce à la république, sans foi d'aucune sorte, sans patriotisme d'aucune sorte, à le juger? Napoléon III n'a fait que céder à l'inconséquence de la race, que *de la représenter*, que *de la résumer*.

Je m'étonne vraiment que l'on maudisse l'homme qui a peut-être le plus préparé, par sa douceur, par sa mollesse si l'on veut, l'avénement des temps nouveaux. Il n'a point fait de conquêtes ; il a simplement cherché à rentrer dans les frontières de la révolution, et il l'a fait en servant noblement les idées de cette révolution. S'il est resté à Rome, c'est que la France est révolutionnaire et catholique ! Vous tous, qui applaudissiez à la proclamation de Milan, pourquoi n'avez-vous pas embrassé la religion de cette proclamation, qui n'est certainement pas celle de l'encyclique du 16 avril, et du *Syllabus ?* Mais non, les classes dirigeantes à l'Académie, *et partout*, ne veulent *qu'agiter les questions*, sans jamais conclure à rien ; et elles s'étonnent, et elles jugent après cela de ces soubresauts qui vont de la proclamation de Milan à Mentana; de la Réforme à l'Immaculée Conception.

Mais vous êtes tous les coupables, vous qui ne savez *conclure à rien*, qui ne savez pas *couper le câble* qui vous retient encore à la Rome papale du moyen âge. Vous ne savez que *bavarder*, et vous ne savez conclure à rien de vrai, à rien de sincère, à rien de *vraiment noble* : vous, qui dans vos *sots discours*, avez sans cesse ces mots à la bouche. *Cette chaleur de la race*, c'est vous qui la compromettez en n'en sachant pas prendre la direction virile, en vous abandonnant aux mensonges et aux choses viles.

Et vous voulez qu'au-dessous de vous, les masses empestées d'athéisme par quelques obscurs imbéciles, dont toute votre lâche timidité fait la force, ne se soulèvent pas ; inquiètes de ne sentir aucune direction saine, dans un temps où elles voient tout insulté, tout ébranlé, *sans qu'on modifie*, *sans qu'on remplace rien*. A vous, classes dirigeantes, la responsabilité de ce qui se passe et de ce qui se passera.

Hier, l'ennemi disait déjà, dans les journaux de M. de Bismark : « Ce qui vient de se passer n'est que le soulèvement des *corrompus* « *contre la corruption*, la victoire du crime SUR LA TRAHISON et *la* « *lâcheté*. » Pesez cela, classes dirigeantes, et surtout ce mot *trahison*, qui m'a toujours frappé dans la *bouche de l'ennemi*, qui doit en savoir long là-dessus !

Méditez bien sur la situation, et ne la perdez pas de vue un moment : « *Nous sommes sans frontières*, *sans religion et sans gouvernement*. » Aujourd'hui on ne demande plus, grâce aux justes qui ont su mourir pour la vérité et la liberté pures, la persécution des impies ; mais on demande aux justes, aux honnêtes, *aux simples*, de mépriser *ostensiblement* ces malsaines pratiques qui entretiennent, qui encouragent l'immoralité, l'improbité et le vice sous toutes ses formes ; et sous ses formes les plus perverses, puisqu'elles mêlent toutes ces choses à la religion.

Ouvrez les journaux de la Charente-Inférieure, vous y trouverez un prêtre mis en jugement pour attentat aux mœurs. Un frère de la *doctrine chrétienne* condamné à dix ans de réclusion pour attentat aux mœurs sur les enfants. Hier, c'était dans Seine-et-Oise qu'on condamnait un prêtre : « Dans le courant de 1867, « *quatre jeunes filles*, qui allaient faire leur première communion,

« se présentèrent à son confessionnal. Il leur tint successivement « les propos les plus obscènes, et, se dépouillant d'une partie de « ses vêtements, il s'offrit nu à leurs regards à travers les gril- « lages du confessionnal. Tout ce que peut inventer l'esprit le « plus dévergondé, il le dit et il le fait. On croirait assister à un « chapitre du marquis de Sade. Nous n'insisterons pas.

« Cette affaire comporte cependant un enseignement; elle « nous révèle les mystères du confessionnal. Ce prêtre, au lieu « de veiller sur la pureté des enfants qui lui étaient confiés, dé- « florait leur âme comme à plaisir. Il appelait leur attention sur « les choses ignorées, et, sous prétexte de confession, leur ensei- « gnait le vice. Il prétend qu'il ne faisait que suivre scrupuleu- « sement le formulaire d'un livre que tous les prêtres ont entre « les mains : *La science du confesseur!* »

Et tout cela cependant ne nous apprend *rien de nouveau!* Tous les jours, c'est à recommencer. Et on regarde! et on ne fait rien! On ne prend *aucune résolution*! Et on s'étonne de voir des niais demander l'instruction *laïque*, tandis qu'ils devraient simplement *embrasser la Réforme*, et qu'ils régleraient ainsi toutes ces questions à la fois. Mais non, on est libre penseur ou catholique romain! Rien de pratique! On essaye bien de se dire *vieux catholiques*, ce qui ne *veut rien dire du tout;* mais on ne se dirait *jamais* VIEUX CHRÉTIENS; *vrais protestants, pour la justice, la moralité sur la terre*, parmi les hommes de bonne volonté. Sommes-nous donc devenus fous, ou sommes-nous complétement dévoyés?

Quoi! l'Empire n'aurait pas compris qu'il s'est perdu en écoutant l'Académie et MM. Thiers et Berryer, tous les hommes de 1815, qui devaient être bien étonnés de se trouver ensemble sur cette question de la papauté? L'Empire ne voit-il donc pas de quelle popularité jouit en France Henri V et le catholicisme? Hé quoi! cet Empire pour lequel la France votera encore demain, puisqu'il est désormais constant que cette assemblée, qui a fait acte de constituante en le renversant, ne peut arriver à rien constituer à sa place. Et que la question doit revenir nécessairement à notre seul souverain : « *la France entière,* » depuis que ses anciens souverains ont affecté de confondre leur cause avec celle de Dieu même ! Cet Empire, la seule espérance qui nous reste pour être forts et unis dans la passion de la *revanche* (les autres partis n'en veulent pas et n'y pensent pas) irait encore se brouiller avec le peuple français, son électeur toujours, à cause de la Rome du moyen âge ; lui, *l'homme des temps nouveaux ;* lui, l'homme de la *nouvelle alliance* de la nation et de son chef, en dehors des souvenirs de Pepin, de Charlemagne et d'Henri V ; mais avec tous ceux de Napoléon, d'Austerlitz et de Waterloo, de Milan, de Magenta, de Solférino et aussi de Castelfidardo !

Non, cela ne peut pas être ; les destinées de la France, de la révolution, si bien suivies aux champs de Solférino, ne reculeront pas ! Qu'une volonté plus ferme, *au nom de la nation en danger*, maintienne l'empire dans la voie droite où, à défaut d'une république toujours infidèle, il était si héroïquement et si généreusement entré. Car, à Magenta, à Solférino, cet ambitieux jouait son trône et sa puissance, en cas de défaite, comme à Sedan !!! Oublier toutes ces vérités qui se pressent... ne serait-ce pas *oublier la France et sa gloire ???* Les temps nouveaux ne veulent plus du catholicisme... pourquoi chercher à se dissimuler la clarté du soleil ? Pourquoi se refuser à soi-même tout le mérite de l'œuvre que *seul*, SEUL, on a eu le courage, l'audace et la volonté d'entreprendre ? La France semble hésiter entre la religion des bonzes et celle de Proudhon (c'est M. Hyacinthe qui vient de le dire à Munich), n'y a-t-il donc *rien entre les deux ?* L'Angleterre, l'Amérique, l'Allemagne, la Suède, la Hollande, la Suisse n'ont-elles pas su asseoir *la morale éternelle et divine* SUR D'AUTRES BASES QUE SUR CELLES DE LA SOCIÉTÉ DE JÉSUS ? L'honneur vrai, la moralité vraie, l'amour du peuple vrai, ne disent-ils pas tout d'une voix : « Mariez le clergé ! supprimez la confession ! »

Irez-vous donc contraindre *par la force* (*vous dites instruction obligatoire!*) les pauvres *enfants du peuple* à aller chez les frères de la doctrine chrétienne? et cela en présence des infamies dont retentissent tous les jours les cours d'assises? Non, vous n'allez pas errer à ce point! Vous laisserez ces hypocrisies aux légitimistes et aux républicains cléricaux : *à l'Union libérale!* L'empire a planté son pennon à l'entrée de la voie droite! Il n'a pas dit avec Casimir Périer, ce dieu bourgeois : « Le sang français n'appartient qu'à la France »; mais il s'est rappelé, avec le Polonais Adam Mickiewicz, que les flottes, les arsenaux de la France APPARTIENNENT A L'HUMANITÉ! Qu'il rentre dans cette voie droite et qu'il y persévère, et la nation est à lui ; et le peuple, le pauvre peuple *qui va chez les frères*, et dont il ne faut pas oublier les enfants flétris, *est à lui!* L'hypocrisie ici serait sans force, c'est elle qui *envenime*, gâte, fausse et pourrit toutes les questions. Soyons ce que nous sommes et soyons-le *franchement*, comme des *Français* qui ont éclairé le monde sur ces questions. Voltaire déjà nous engageait à suivre l'exemple d'une île voisine; d'Alembert disait que le plus beau jour de sa vie serait celui où l'on marierait le clergé, et où on supprimerait la confession, cette chose attentatoire à la moralité publique.

L'Empire irait-il donc s'échouer sur le roc stérile où a péri l'ancienne monarchie, et où périt Henri V? Qu'il achève son ouvrage, lui *empereur élu de France*, il est déjà allié à la famille de Victor-Emmanuel, *roi élu d'Italie*, qui a donné *un roi élu à l'Espagne;* qu'il resserre ces liens formés sur le champ de bataille, et la France le rebénira libre et fière.

Le malheur est un bon conseiller, et l'Empire a beaucoup souffert. Ce n'est pas à Wolwich que le prince impérial apprendra la guerre! mais à Wolwich il peut apprendre ce que c'est que la religion de ce Guillaume III, qu'admire tant son père dans ses ouvrages. Et en pensant à ce que nous dit Voltaire d'une île voisine, il pourra se souvenir aussi de ses vers :

« Marc-Aurèle et Trajan mêlaient aux champs de Mars
« Le bonnet de pontife au bandeau des Césars. »

Un pouvoir fort et incontesté, s'appuyant sur le *suffrage universel, la seule chose qui soit restée debout;* une nation armée tout entière, une religion réformée, qui élève *vraiment* nos idées et nous moralise. Et l'*amnistie*... l'amnistie enfin pour tous ces malheureux, dont de sinistres ambitieux ont hypocritement *exagéré*, *exaspéré et exploité* tous les maux. Et l'amnistie aussi pour ces malheureux eux-mêmes, ces lâches impuissants dont la France rougit encore! Que l'Empire les préserve eux aussi, qui ont été impitoyables envers leurs dupes, de la fureur de ces dupes, et qu'il dise au jour du retour prochain ce que disait Napoléon :

« Je n'ai qu'à faire un signe ou plutôt à détourner les yeux, « les ..... seront MASSACRÉS dans toutes les provinces; ils ont si « bien manœuvré depuis dix mois (deux ans!). *Mais je ne veux pas « être le roi d'une Jacquerie!* » Voilà ce qu'il nous faut pour préparer une sûre et éclatante revanche.

L'Empire seul peut nous donner tout cela; mais c'est à nous de l'y aider! L'Empire a toujours été une transaction avec la révolution. N'est-ce pas l'Empire qui a le plus fait pour les ouvriers? N'est-ce pas lui qui a réglementé *le droit de grève?* ce droit que vous accusiez d'être un droit hypocrite, et qu'aujourd'hui vous trouvez *trop fort* et que vous voulez enlever! Mais alors *vous poussiez, vous poussiez*... sans savoir où vous alliez.... Êtes-vous satisfaits de votre ouvrage?..... on en POURRAIT DOUTER!

Ah! nous avons été bien fous, bien Français, bien légers! Ne perdons pas notre temps à nous accuser les uns les autres de nos fautes mutuelles. Mais comme nous ne pouvons rester sans cesse à la merci du résultat d'une émeute, qui nous a mis dans la main des plus sots et des plus bavards, et qui peut demain nous mettre dans la main de gens plus sots et plus bavards encore, demandons à être consultés sur la forme de gouvernement. *C'est notre droit*, puisqu'on nous parle sans cesse du gouvernement du pays par le pays. C'est là, à l'heure qu'il est, la liberté la plus nécessaire! AYONS-LA, D'OU QU'ELLE VIENNE!!!

L'Empire n'était pas prêt à faire une guerre que personne ne voulait, nous crie une foule idiote. Si, comme tout le monde, il ne la voulait pas, *lui*, *le représentant du suffrage universel*, il a donc été surpris comme vous tous, ô bavards vides, commis voyageurs du parlementarisme et de la république. *Le tort, l'unique tort est de ne pas avoir voulu de cette guerre*, de ne pas avoir su qu'elle était INÉVITABLE... depuis 1815, et que Sadowa la rendait *tous les jours*... de plus en plus IMMINENTE. La France, elle, ne s'y est pas trompée : « La France n'est pas changée, c'est elle qui a voulu la guerre, » disait le prince de Bismark *à Sedan*, au général de Wimpffen. Il ajoutait, il est vrai, que la *partie saine et raisonnable de la France ne voulait pas la guerre!* Prenez pour vous cet éloge de l'ennemi... *la France n'en sera pas jalouse!...* elle se réserve, je pense, pour montrer autre chose à l'ennemi que d'hypocrites et ignobles sanglots.

La France est vaincue!... et *la Sainte Alliance* va tenir ses assises à Berlin, que la France se rappelle les conseils de son poëte : « Lorsqu'une nation a pris l'initiative d'un principe, et surtout du « principe démocratique, *et qu'elle est dans la situation géographi-* « *que où nous sommes placés*, dût-elle espérer qu'elle obtiendra la « sympathie des hommes éclairés chez tous ses voisins, elle a pour « ennemis *patents ou secrets* les autres gouvernements, et parti- « culièrement ceux *qui sont dominés par une aristocratie puissante.* « *Pour de pareils ennemis tous les moyens sont bons.*

« *Malheur alors à cette nation si elle voit s'éteindre l'amour qui lui* « *est dû, et qui est sa plus grande force! Il faut que ses fils se serrent* « *autour de son drapeau*, dans l'intérêt même du principe qu'elle « a mission de faire triompher au profit des autres peuples « (*la guerre d'Italie*). »

Mettons un peu d'ordre dans nos idées, il en est grand temps! Il va peut-être se former contre nous un dernier orage... allons-nous nous préparer à le subir dans cet état profond de *démoralisation* où nous ont mis *les partis?* Rappelons-nous sans cesse que nous n'avons NI FRONTIÈRES, NI RELIGION, NI GOUVERNEMENT, et que nous ne pouvons vivre dans une ignominie et une fausseté si peu françaises! Redeviendrons-nous jamais la France des beaux jours, ou devons-nous périr, en faisant des phrases, dans les bras de quelque vieux sycophante imbécile, doctrinaire, parlementaire ou républicain? fin bien digne d'une nation qui aurait tout sophistiqué : Dieu et la patrie!!!

XV

La France a payé sa rançon! L'ennemi demandait cinq milliards..... la France en a trouvé CINQUANTE! et notre gouvernement n'a puisé là que la force nécessaire *pour prolonger d'un an* l'occupation de la France! Entre-t-il donc dans les plans vils du bourgeois conservateur de conserver à la fois l'*ennemi*, *la République et la division???*. . . . .

. . . . . Mais deux voix viennent de se faire entendre : la voix d'un prêtre illustre et la voix d'un illustre gentilhomme. La vieille France semble s'ébranler et marcher *enfin* à cette *conciliation*, dont dépend *notre avenir comme nation*.

Le prêtre : Le père Hyacinthe, aux nobles paroles duquel nous avions déjà applaudi ici, vient de se placer, par ses actes, à la hauteur de ses paroles!!!

Le père Hyacinthe, *le prêtre catholique*, *la grande voix de la Cathédrale de Paris :* NOTRE-DAME ! ! ! déclare lui-même, dans les termes les plus nobles et les plus touchants, *qu'il se marie*.

Entré dans la voie de la *vérité*, il ne devait plus s'arrêter; et Dieu a béni ses nobles efforts, il lui a envoyé une compagne digne de lui!

« Au moment, dit-il, où j'allais être abandonné, renié par mes « amis et par mes proches, exilé coup sur coup de mon pays, de « ma famille, il a envoyé sur mon chemin solitaire et désolé une « sainte et noble affection, pauvre des biens de la terre, riche de « ceux de l'intelligence et du cœur, et quand tout a croulé, seul « ou presque seul cet appui m'est resté ! Eh bien ! cet appui ne « serait pas ce qu'il doit être, je ne reconnaîtrais pas le don que « Dieu m'a fait, si j'hésitais plus longtemps à en chercher la con- « sécration DANS LE MARIAGE CHRÉTIEN !

« Et pourquoi en serait-il autrement? Je ne vois pas de raisons « qui m'interdisent le mariage, car je ne puis admettre comme « telle la loi ecclésiastique, et moins encore le préjugé de mes « concitoyens.

« Je me soumettrai toujours aux lois de l'Église, quand on ne « me présentera pas sous ce nom ce que Jésus-Christ, parlant aux « pharisiens de l'ancien peuple, appelait déjà « DES COMMANDE- « MENTS D'HOMMES QUI RENDENT VAINS LES COMMANDEMENTS DE « DIEU. » (Mathieu, XV, 6 et 9.) On veut bien convenir que le « célibat n'est pas un dogme, il faudrait reconnaître qu'il n'est « même pas une discipline catholique, mais simplement une disci- « pline latine. Encore aujourd'hui, dans l'Orient, le clergé ca- « tholique est marié avec la pleine approbation du Saint-Siége. « Il est vrai que de tels mariages doivent précéder l'ordination et « non la suivre, mais cette restriction, d'ailleurs pleine d'incon- « vénients, est sans valeur aux yeux de la saine raison, et n'en « laisse pas moins subsister dans toute sa force le principe qu'au « jugement de l'Église il n'existe pas d'incompatibilité véritable « entre ces deux grandes sacrements, l'ordre et le mariage.

« Le préjugé contraire tient à une perversion des idées morales « dont on est en droit de s'étonner chez des peuples chrétiens. Comment en sont-ils venus à se faire du mariage cette basse et « honteuse conception qui répugne aux instincts délicats et gé- « néreux du cœur, autant qu'aux enseignements de la révélation?

« Ah ! si le mariage n'est qu'une concession à l'infirmité ou même « aux passions de notre nature, je conviens qu'il est pour le prê- « tre un abaissement et une souillure, mais je ne ne vois pas « davantage comment il s'accordera avec la dignité que confère « le baptême, avec la sainteté qu'il exige, et, pour être logique, « il faudra, comme Tertullien, l'interdire à tous les vrais chré- « tiens. Mais non, mille fois non, le mariage chrétien, le seul « dont je parle, n'est pas une concession à notre faiblesse, il n'est « même pas un simple moyen pour perpétuer notre race. Il est, « — qu'on me permette de me citer moi-même, — « la plus pleine, « la plus intime et la plus sainte des unions qui puissent exister « entre deux créatures humaines. » C'est ainsi que je le définis- « sais, il y a cinq ans, dans la chaire de Notre-Dame, et j'ajoutais, « avec saint Paul et toute la tradition catholique, qu'il est devenu, « depuis l'Évangile, la mystérieuse et rayonnante image de l'u- « nion du Verbe avec notre chair, de l'union du Christ avec son « Église : *Sacramentum hoc magnum est, ego autem dico in Christo « et in Ecclesiâ* (Éphésiens, V, 32). C'est parce qu'on ne comprend « plus la doctrine des apôtres, ni les exemples des premiers chré- « tiens, qu'on a cessé de voir dans l'union des époux une chose « honorable en tous : *Honorabile connubium in omnibus* (Hébreux, « XIII, 4), qu'on la regarde comme incompatible avec l'état de la « vie parfaite et qu'on ne songe enfin qu'avec horreur à la proxi- « mité de l'autel eucharistique et de ce foyer de la famille qui « devrait être un sanctuaire, lui aussi, et, en un sens, le premier « de tous !

« Une autre erreur, non moins funeste et non moins répandue, « consiste à regarder l'état du célibat comme pouvant devenir « l'objet d'un engagement perpétuel. Justement parce qu'il touche « à ce qu'il y a de plus intime, de plus délicat, et je dois ajouter « de plus périlleux dans les relations de l'âme avec Dieu, le cé- « libat doit demeurer, à chaque instant de sa durée, l'œuvre de « la grâce et de la liberté. A l'Esprit-Saint tout seul il appartient

« d'y attirer et d'y maintenir le petit nombre d'êtres exception-« nels qu'il en rend capables. Mais aucune des autorités humaines, « ni celle des conciles, ni celle des Papes ne peut imposer, comme « un commandement éternel, ce dont Jésus-Christ lui-même n'a « voulu faire qu'un simple conseil. « Pour ce qui est des vier-« ges, écrivait l'apôtre saint Paul aux Corinthiens, je n'ai point « reçu de commandement du Seigneur, mais je vous donne un « conseil. » (I. Corinthiens, VII, 25.) Ce conseil, l'Église a pour « mission de le transmettre à tous, à travers les siècles, mais « sans l'imposer à personne, et, pour dire ici toute ma pensée, il « n'est pas un seul cas où elle puisse interdire le mariage à nos « prêtres ; il en est mille où elle devrait le leur commander ! (Le « père jésuite Dufour d'Astafford avec la veuve : Mme la vicom-« tesse de ...)

« L'individu lui-même n'a pas le pouvoir de renoncer d'une « manière absolue à un droit qui, *à chaque instant et de tant de « manières, est susceptible de se changer en devoir.* Interrogé « par moi sur la liberté des prêtres et des religieux à l'égard du « mariage, l'un des plus savants et des plus pieux de l'Église « romaine — on comprendra que je taise son nom — m'écrivait « ces paroles : « Une telle démarche est toujours permise, souvent « nécessaire et quelquefois sainte ! »

« De semblables convictions existent dans les esprits les plus « éclairés, dans ceux-là surtout qui ont la lumière de l'expérience « et qui connaissent l'état réel du clergé et les conditions prati-« ques de la vie humaine. Si elles ne s'affirment pas assez libre-« ment, il *en faut accuser le joug de fer qui pèse sur les évêques « comme sur les prêtres, et aussi la coupable connivence de l'opinion « publique.*

« Je viens de nommer l'opinion publique. Autant je la respecte « dans ses manifestations et dans ses exigences légitimes, autant « *je la méprise quand elle ne s'appuie que sur le préjugé.* S'ar-« rêter devant le préjugé, c'est s'arrêter devant ce qui n'est pas, et

« c'est, par là même, donner un corps et une force à ce vain fan« tôme. N'est-ce point là pourtant ce que font chaque jour, par « un mélange de crainte puérile et d'égards hypocrites, les esprits « les mieux faits pour redresser les erreurs de leur temps? *Fatal « pouvoir du mensonge qui a perdu et qui perd encore notre mal« heureuse patrie!* C'est lui qui m'oblige en ce moment à aller « chercher sur une terre étrangère la consécration que la loi « ou tout au moins la magistrature de la France de 1872 refuse« rait à mon mariage, parce que j'ai tout à la fois *l'honneur et le « malheur d'être prêtre.* Mais je ne lui céderai pas davantage ; « je reviendrai le front haut, le cœur calme, sans crainte comme « sans colère, et rien ne m'empêchera d'habiter ce sol, de respirer « cet air *qui sont à moi et qui me resteront chers, malgré les ini« quités dont on les souille.* Rien ne m'empêchera de réclamer « pour chacun de mes frères dans le sacerdoce le droit légal au « mariage, ce droit élémentaire dont la violation, non-seulement « dans une classe entière de citoyens, *mais dans la personne d'un « seul homme,* suffirait pour mettre la législation d'un peuple « au ban des nations vraiment civilisées !

« Oui, j'en suis convaincu, la France, comme l'Église, a besoin « de l'exemple que je donne, *et dont l'avenir, à défaut du présent, « recueillera les fruits.* Je connais le véritable état de mon pays, « et lorsqu'il voulait bien écouter ma voix, je n'ai cessé de « lui prêcher le salut par la famille. Écartant sans pitié les voiles « somptueux et trompeurs de sa prospérité d'alors, je mettais à nu « les deux plaies qui le rongent et qui s'engendrent l'une l'au« tre, « le mariage hors de l'amour et l'amour hors du mariage, « ce qui revient à dire le mariage hors du christianisme. » (Con« férences sur la famille, 1866.) Je connais aussi le véritable état « de notre clergé : *je sais ce qu'il renferme de dévouements et de « vertus, mais je n'ignore pas combien il a besoin, dans un grand « nombre de ses membres, d'être reconcilié avec les intérêts, les affec« tions, les devoirs de la nature humaine et de la société civile.* Ce

« n'est qu'en s'arrachant aux traditions d'un ascétisme aveugle « et d'une théocratie *plus politique encore que religieuse*, que le « prêtre, redevenu homme et citoyen, se retrouvera en même « temps plus véritablement prêtre. « Qu'il gouverne bien sa « propre maison, dit saint Paul, tenant ses enfants dans la sou- « mission et dans toute sorte d'honnetêté ; *car, si quelqu'un ne « sait pas conduire sa famille, comment pourra-t-il gouverner l'Église « de Dieu.* » (I. Timothée, III, 4, 5.)

« *Telle est la réforme sans laquelle, j'ose le dire, toutes les autres « seront illusoires et stériles*... Laissons l'esprit de Dieu, si nous « croyons à sa vertu, maintenir au milieu de nous une élite « de prêtres et de filles de la charité, dont le célibat, toujours libre « et toujours volontaire, soit véritablement un état de pureté, un « état de joie, ou tout au moins de paix dans le sacrifice. Mais, « en même temps, hâtons le moment où la loi de l'Église et celle « de la France constitueront dans la liberté, *dans la chasteté*, dans « la dignité, le mariage du prêtre, c'est-à-dire la concentration, « *dans un foyer modèle, de toutes les forces de la famille et de toutes « les forces de la religion.*

« Je ne suis rien, mon Dieu, mais je me sens appelé de vous à « *briser des chaînes que vous n'avez point faites* et qui pèsent « avec tant de rigueur, souvent, hélas ! AVANT TANT D'IGNOMINIE, « sur le peuple saint de vos prêtres ! Je ne suis qu'un pécheur, et « pourtant votre grâce m'a fait assez fort pour braver la tyrannie « de l'opinion, pour ne pas m'incliner devant les préjugés de « mes contemporains, assez droit pour agir comme s'il n'y avait « au monde QUE MA CONSCIENCE ET VOUS ! (*La Réforme?*)

« HYACINTHE LOYSON. »

Voici assurément de généreuses et nobles paroles, et un acte courageux, noble et généreux, à leur hauteur ! Que va *dire et faire* maintenant le clergé de France à la voix de celui qui, après avoir combattu la superstition, où menaçait DE S'ENGLOUTIR CHEZ NOUS LE CHRISTIANISME, l'appelle maintenant, comme un nouveau LUTHER, en lui donnant l'exemple, à la pratique vraie et sainte de la moralité et de la vertu ???

Et nos législateurs, s'ils ne veulent pas être nos législateurs *d'un jour, et d'un bien triste jour*, ne vont-ils pas se hâter DE CONFIRMER nos pacifiques conquêtes de 1789; celles que nous avons faites *pour le genre humain tout entier;* les seules qui nous restent aujourd'hui, et peut-être *notre unique droit à la force et à la puissance;* en brisant ces dernières, honteuses et ridicules entraves qui empêchent chez nous le prêtre catholique de se marier et livrent encore son cœur et son âme AU BRAS SÉCULIER....., si Dieu a fait parler ce cœur et cette âme. Et si lui, *créature de Dieu, comme nous tous*, écoute ce cœur qui vient lui parler de vrai bonheur, de vraie vertu et de vrai sacrifice. Le législateur digne de ce nom a ici un devoir tout tracé, il lui est indiqué par la marche des choses. Et *le vrai législateur le sait, il ne fait que suivre, confirmer et régler partout cette marche des choses.*

Que de questions envenimées comme à plaisir *vont s'apaiser*, si cet acte, noble entre tous, est compris et respecté *par tous les bons citoyens*, comme il doit l'être au dix-neuvième siècle . . . . . et *surtout en France*..... qui aimait à se dire naguère : le flambeau du genre humain. SOYONS PLEINS D'ESPÉRANCE !!!

Et puis, comme je le disais en commençant, ce sont deux voix que nous avons entendu prêcher, et comme marcher à la CONCILIATION. A la voix *du prêtre illustre entre tous*, s'est jointe la voix du gentilhomme, *au nom aussi illustre entre tous* : LA ROCHEFOUCAULD, duc de Doudeauville ! Tout l'héroïsme chevaleresque, *léger*, spirituel et lettré de notre histoire résumé en un nom : LA ROCHEFOUCAULD !

Le gentilhomme a parlé dans les conseils généraux qui viennent de clore leur session.

Espérons que ses paroles, comme celles du père Hyacinthe,

retentiront dans cette Assemblée *qui aurait pu être, et qui voudrait bien être.....* LES ÉTATS GÉNÉRAUX DE LA FRANCE!!!

M. de La Rochefouchauld s'est exprimé ainsi dans son conseil général :

« Messieurs,

« Il est dit dans le procès-verbal que M. le préfet a eu l'appro
« bation générale. Je demande, pour ma part, à faire des restric
« tions et à protester contre un discours dont le but n'était pas
« d'entretenir le conseil général des affaires du département,
« *mais de démontrer le bonheur que nous avions de vivre en Ré-*
« *publique*. POUR MOI, JE CONTESTE LE BONHEUR DE VIVRE SOUS UN
« GOUVERNEMENT QUI A MIS LA FRANCE EN ÉTAT DE SIÉGE, QUI SUS-
« PEND LES JOURNAUX ET EST PLUS AUTORITAIRE QUE JAMAIS GOUVER-
« NEMENT NE L'A ÉTÉ.

« Tant que les élus du pays ne se seront pas prononcés, nous
« SERONS TOUJOURS SOUS UN GOUVERNEMENT PROVISOIRE!

« Oui, j'aurais pu aimer la République et un gouvernement
« démocratique s'appuyant sur le suffrage universel et sur le *ser-*
« *vice obligatoire universel;* mais, pour une société ainsi orga-
« nisée, il lui faut une grande sagesse, de grandes vertus.

« *Il ne faut pas qu'un patriote soit un homme en quête d'une place,*
« *que la politique soit l'art de se faire donner une place.*

« Il faut juger l'arbre par ses fruits : la République en France,
« pendant trois saisons, n'a donné que des fruits détestables ;
« parce que tout bon républicain en France est athée.

« Les vrais républicains de 93 étaient athées ;

« Les insurgés de 48 étaient athées;

« Les hommes du 4 septembre étaient athées ;

« Toute l'école révolutionnaire est athée.

. . . .

« Non, l'intelligence et la générosité du peuple français ne
« peuvent et ne veulent être représentées que par un gouverne-

« ment vraiment constitutionnel sachant faire exécuter et respec-
« ter les lois, accorder une véritable liberté, *créer des associations*
« *destinées à améliorer le sort de ceux qui souffrent, étudier, en ap-*
« *pelant le concours de chacun, les grandes questions sociales; sachant*
« *se faire représenter par des hommes intègres, désintéressés, se faire*
« *respecter aux yeux de l'étranger, et enfin rendre à la France la po-*
« *sition qu'elle a toujours eue, c'est-à dire le premier rang dans le*
« *monde.*

« Pour arriver à cette solution, il faut que la Frauce puisse avoir
« des alliances avec ses voisins. S'il en est autrement, notre mal-
« heureux pays peu à peu tombera en décomposition; car, mes-
« sieurs, les soi-disant conservateurs d'aujourd'hui ne sont pour
« la démagogie que *des chevaux de renfort* montant la côte plus
« lestement qu'elle ne l'avait même espéré.

« Rappelons-nous donc toujours l'abîme où voulaient nous
« engloutir ceux qui avaient déjà mis leurs exécrables projets à
« exécution.

« L'union de tous les gens d'ordre est donc indispensable pour
« opposer une digue formidable à tous les gens de désordre. »

N'est-il pas difficile de parler plus *noblement* que ne l'a fait *le noble Duc?*

Tout est *noblement vrai* dans ce qu'il dit : « Tant que les élus « du pays ne se seront pas prononcés, nous serons TOUJOURS « SOUS UN GOUVERNEMENT PROVISOIRE. » *Admirable de vérité*, et M. Thiers, au fond, vaut bien MM. Garnier-Pagès et *tutti quanti.*

Cependant, si l'Assemblée ne peut s'entendre; et n'est-il pas vrai qu'elle s'est déjà *déconsidérée?* ne faudra-t-il pas, monsieur le Duc, en revenir à notre juge naturel : LA FRANCE, *réunie au champ de Mai?* Et *l'élu du champ de Mai* (vous le savez bien, et cette élection *n'est pas nouvelle en France!*), *l'élu du suffrage universel*, QUEL QU'IL SOIT..... même *la République*, si elle pouvait sortir de l'urne du scrutin de la France..... *ne sera-t-il pas notre maître???*

Car vous le dites aussi excellemment : « Oui, *j'aurais pu aimer* « *la République* et un gouvernement démocratique s'appuyant « sur *le suffrage universel* et sur *le service abligatoire* UNIVERSEL; « mais, pour une société ainsi organisée, *il lui faut une grande* « *sagesse,* DE GRANDES VERTUS.

« *Il ne faut pas qu'un patriote soit un homme en quête d'une* « *place, que la politique soit l'art de se faire* DONNER UNE PLACE.

« Il faut juger l'arbre par ses fruits : la République en France, « *pendant trois saisons, n'a donné que des fruits détestables;* parce « que tout bon républicain en France est athée.

« Les vrais républicains de 93 étaient athées;

« Les insurgés de 48 étaient athées;

« Les hommes du 4 septembre étaient athées;

« TOUTE L'ÉCOLE RÉVOLUTIONNAIRE EST ATHÉE. »

Tous vos coups portent, monsieur le Duc. Oui, *toute l'école révolutionnaire est athée!* J'ai essayé ici de le démontrer.

Mais, monsieur le Duc, l'école révolutionnaire est athée, pour avoir recherché la puissance *sans sanction, sans contrôle, et sans frein;* se disant peut-être : « *La fin justifie les moyens.* » Et nous le savons, monsieur le Duc, une compagnie célèbre, une compagnie qui a profané le nom de JÉSUS, *a cherché aussi dans ces voies la puissance. Les jésuites* ont achevé de corrompre Rome, qui n'avait pas voulu se rendre à l'appel des chrétiens *réformés, et se réformer elle-même.* Et Rome était devenue athée à la voix *des mauvais chrétiens, sans religion et sans conscience.* Comme la Révolution était devenue athée aussi, à la voix des *mauvais révolutionnaires, sans religion, et sans conscience d'aucune sorte!* Ces révolutionnaires qui s'étaient éloignés de *la Réforme leur mère*: la mère des Puritains, de l'Allemagne, de la Hollande, de l'Angleterre, *de l'Amérique du Nord,* de la Suède, de la Suisse.

Mais, monsieur le Duc, vous faites un *noble appel* à l'union de tous les gens d'ordre... ne trouvez-vous pas que le père Hyacinthe vous a aussitôt NOBLEMENT RÉPONDU ?

Si vous êtes résolus à entrer, *tous les deux*, dans la voie où il s'engage *intrépidement;* je crois que la France est sauvée, et que nous aurons, d'où qu'il vienne, *et dans quelque endroit que la France aille le prendre, ce gouvernement vraiment constitutionnel,* « *sachant faire exécuter et respecter les lois, accorder une véritable* « *liberté, créer des associations destinées à améliorer le sort de ceux* « *qui souffrent, étudier, en appelant le concours de chacun, les grandes* « *questions sociales ; sachant se faire représenter par des hommes* IN-« TÈGRES, DÉSINTÉRESSÉS, *se faire respecter aux yeux de l'é-* « *tranger, et enfin rendre à la France la position qu'elle a toujours* « *eue,* C'EST-A-DIRE LE PREMIER RANG DANS LE MONDE. »

Si vous saviez à quel point il vous sied, monsieur le Duc, à vous gentilhomme de France, de parler ainsi de la France, et DE SON PREMIER RANG DANS LE MONDE ! Mais permettez-nous, à nous *les nouveaux venus*, qui avons bien essayé aussi de faire quelque chose pour notre commune mère, de vous dire comment nous pourrons marcher *entièrement de conserve avec vous*, qui d'ailleurs avez l'âme trop fière et trop bien placée pour vouloir accepter autre chose qu'une *adhésion convaincue.*

AVANT TOUT LA PATRIE ! ! ! Vous nous parlez *d'alliances possibles pour elle avec ses voisins.* Ne pensez-vous pas, monsieur le Duc, que les alliances se trouveront chez les peuples aujourd'hui *réformés ou philosophes qui l'entourent, et devenus tels*, grâce aussi, au moins, à elle la France? Et ne voyez-vous pas que la *Réforme chrétienne nous submergera, si nous ne savons pas aller au-devant d'elle ???*

C'est donc encore *uniquement*, et j'aime à le répéter, parce que selon moi : TOUTE LA QUESTION EST LA ! ! ! *et qu'un jour prochain le prouvera, je l'espère.* C'est *uniquement en adhérant hautement* à ce que vient de faire le père Hyacinthe, *en associant votre grand nom, votre grande influence*, à celle de l'humble autant qu'illustre prêtre, qui vient d'accomplir *un grand acte*, avec un éclat magnanime, que vous pourrez contribuer *à moraliser*, *à sauver* cette patrie, qui s'en va périssant, comme vous le dites, par la *décomposition sociale*, et nous aider tous à lui trouver des alliées parmi les nations réformées qui l'entourent. Hâtez-vous donc d'adhérer, monsieur le Duc, *à la transaction, à la conciliation saintes*, que vient d'inaugurer ce saint prêtre.... Déjà il s'est rencontré un homme (M. Amigues) dans cette affreuse guerre civile, dont nous ne sommes pas, pour ainsi dire, *encore sortis*, que Paris avait placé à la tête D'UNE COMMISSION DE CONCILIATION. Cet homme avait été envoyé, par beaucoup d'habitants de Paris, à ceux de Versailles! Qu'a-t-il obtenu... RIEN!!! Et ceux qu'il représentait *ont pu voir depuis*, cependant, s'ils avaient raison de prêcher la *conciliation!* Aussi point de raisons pour s'arrêter : DE LA CONCILIATION ENCORE, DE LA CONCILIATION TOUJOURS!!! Qui pense, en effet, que la force a suffi pour dompter les haines farouches des vaincus? et n'envisage-t-on pas demain *avec une inquiétude sérieuse, sinon avec effroi!*

Voici ce que nous dirions à nos frères égarés : « Nous sommes au-
« jourd'hui ce que nous étions hier, nous voulons *la conciliation, la*
« *transaction, l'humanité!!!* Mais vos doctrines ne sont pas les nô-
« tres, elles nous repoussent, elles nous indignent et nous inquié-
« tent en beaucoup de points. Nous voulons cependant encore
« essayer *de vous ramener*, nous le *considérons toujours comme no-*
« *tre simple devoir*, et voici ce que nous proposons. *Nous allons*
« *faire la moitié du chemin vers vous; vous ferez l'autre moitié!*
« Nous embrassons tous la Réforme du père Hyacinthe, nous al-
« lons à l'Évangile pur. Nous savons que nous y trouverons l'es-
« prit de *conciliation, de transaction par excellence*. Imitez-nous,
« quittez-vos abominables doctrines athées; TRAITONS DANS LE TEM-
« PLE, LA MAIN SUR L'ÉVANGILE DE LA RÉFORME! Pour premier gage
« de bonne foi, vous verrez disparaître cette question de l'éduca-
« tion laïque, qui vous passionne si justement, car vous ne verrez

« plus vos enfants aux mains des frères, mais aux mains de PAS-
« TEURS MARIÉS ET MORAUX !!! et nous chercherons ensemble dans « l'Évangile *à nous éclairer, à nous rapprocher.* Nous nous ferons « lire par des pasteurs *moraux et mariés, le sermon sur la Montagne!* « Nous laissons là Rome et ses pratiques ! Vous, laissez là Prou- « d'hon et sa République empestée ! *Imposons ensuite ensemble « notre religion au gouvernement que nous allons élire d'accord*, « et pensons ensemble à ce qui devra être désormais notre uni- « que souci : LA REVANCHE DE LA PATRIE; *pensons* à sa ren- « trée dans ses frontières naturelles, que lui assurera sa rentrée « dans ses frontières morales. »

Quant à moi, si les prêtres et si les gentilshommes voient un jour les choses comme le père Hyacinthe et le duc de la Rochefoucauld, et s'ils marchent tous deux, *en se donnant la main*, à la rencontre des temps nouveaux; moi, BONAPARTISTE, je l'avoue, je me sentirai ébranlé, et je pourrai bien alors m'écrier avec le général Foy :

« *Les fleurs de lys de Bouvines et d'Azincourt sur le drapeau « d'Austerlitz!!!* »

Mais, *en attendant*, mon cri de ralliement sera *toujours le cri que je crois être celui du ralliement sacré, surtout à cause de la guerre d'Italie* : EN AVANT, POUR DIEU, POUR LA FRANCE ET POUR L'EMPEREUR !!!

Au moment de mettre *sous presse*, je trouve ceci dans les journaux :

On lit dans la *Gironde* :

« Il vient de se passer à Cérons de tristes choses qui appellent une fois de plus notre attention sur les vices de notre législation des écoles communales. Le frère Augé y a commis avec un art diabolique des infamies que la justice ne peut manquer de livrer quelque jour à la vindicte publique et sur lesquelles nous n'avons qu'à nous taire, car il y a des choses qu'on ne raconte pas; disons seulement que vingt ou trente familles gémissent aujourd'hui. Le cher frère, à peine dénoncé, a pris la fuite. »

A la suite de ces faits odieux, une pétition couverte de trois cents signatures (CELLES DE TOUS LES PÈRES DE FAMILLE DE CÉRONS) a été adressée au conseil municipal. En voici le texte :

« Les soussignés, pères de famille habitant la commune de Cérons, demandent à MM. le maire et conseillers municipaux la suppression immédiate des écoles communales dirigées par les frères maristes et par les sœurs de la Conception, et leur remplacement par les écoles laïques.

« *Les soussignés déclarent, en conséquence, qu'ils n'enverront leurs enfants aux écoles à Cérons que tout autant que leur demande sera satisfaite.* »

Recommandé à MM. les philosophes républicains : DE RÉMUSAT! *Thiers!* Jules ?... Simon! et Victor Lefranc, qui viennent *de forcer* la population lyonnaise à envoyer ses enfants chez LES BONS FRÈRES!!!

Paris. — Imp. Viéville et Capiomont, rue des Poitevins, 6.

Paris. — Impr. VIÉVILLE et CAPIOMONT, 6, rue des Poitevins.

www.ingramcontent.com/pod-product-compliance
Ingram Content Group UK Ltd.
Pitfield, Milton Keynes, MK11 3LW, UK
UKHW021057200726
13857UKWH00003B/979